推薦序一

　　早在2000年5月進入公部門服務與林教授共事之前，就常在媒體專欄、社論拜讀到林教授的精闢論述，令人折服不已。2008年林教授離開政府部門，仍舊筆耕不輟，以明晰的條理、犀利的文筆，加以針砭時事，期間並出版數本專書，以饗廣大讀者。

　　這本「順天應人天道酬勤」為林教授今年的第二本論文集。內容豐富多元，包括政治運作、經濟社會、國際關係以及2020選舉。林教授專攻政治學與經濟學，擁有深厚的理論基礎，與紮實的實務經驗，為相當難得一見的理論與實務兼具的人才。雖然我在政府部門服務時間不長，長期在企業界工作，對於經濟發展稍有心得，對於林教授針對政治運作、經濟社會評析，我深有同感。

　　宋朝范仲淹在著名的「岳陽樓記」一文曾道，「不以物喜，不以己悲，居廟堂之高，則憂其民；處江湖之遠，則憂其君。是進亦憂，退亦憂；然則何時而樂耶？其必曰：『先天下之憂而憂，後天下之樂而樂』」。而這本「順天應人天道酬勤」也正是林教授懷抱著這種憂國憂民的精神，以中肯剖析，提出建議，頗值得正視。

　　台灣身處於特殊國際、兩岸環境面臨的挑戰不勝枚舉，然而唯有國人齊心協力，攜手合作方能共同解決問題。因此我樂於推薦此書，包含主政者或一般大眾均可仔細加以品讀。

林信義

（總統府資政）

推薦序二

　　嘉誠兄是我建中同屆校友，當時並不熟識，在陳水扁擔任市長時，我是自來水處處長，他先任研考會主委，後接任副市長，四年間幫阿扁落實了管考制度，創造優良的市政績效。阿扁的四年市政為人稱道，其實最重要的幕後推手就是他。

　　二○○○年阿扁打破眾人眼鏡當選總統，他看似理所當然的擔任行政院研考會主委，其實是委屈了！在內閣中真正持續博覽群書，綜觀古今的恐怕他是極少數之一。行政院是內閣，各部會首長各擁一片天，研考會主委若不是由副院長兼任，往往力不從心。

　　這些年，嘉誠兄持續關心台灣政局，以筆報國，他下筆很快，因為腦子裏裝了太多東西。寫文章信手拈來，言之有物，我的朋友中從政者很多，但能如此多產，著作等身，當屬第一人。

　　「順天應人、天道酬勤」一書分為政治運作、經濟社會、國際關係、選舉四大部分。其中有學理，有實務，談古論今，含古今中外，是我近年來閱讀後，覺得最好的一本著作。它可以做為政經研究所的教科書，也可以是從政人員最好的進修與參考資料，謹在此把它推薦給各位讀者。

林文淵

（東森電視董事長）

推薦序三

和林部長嘉誠兄自認識迄今已經將近四十年。剛認識時，我在杭立武先生領導的亞洲與世界社擔任秘書組組長。林教授雖然只長我幾歲，那時候在學界已經嶄露頭角。林教授是兼副主任蔡政文教授當時最出色的高足及研究夥伴。他們合作從事一些具高度前瞻性的學術研究計畫，眼光很超越時代。

林教授真是英雄出少年。他在一九八〇年代初期台灣尚未解嚴之際，即經常在報章上發表宏論，抒發自由派觀點。不少讜論確實言人所不敢言，相當發揮引領輿論的特色。我回到報社工作之際，感受尤為強烈。

林教授在就讀台灣大學時代即思想鋒銳，又兼攻經濟學和政治學兩領域。而他在高階政策實務上的豐厚成熟歷練，更是學界朋友所少有。他先後擔任台北市副市長，行政院研考會主任委員及考選部部長。期間所鍛鍊出來的政策洞察和規畫功力，的確不比尋常。

個人此刻已經在大學專任教職滿三十年屆齡退休。而林教授則一如既往，心繫台灣當前的挑戰和未來的願景。他依然書生報國，勤奮月旦時事，每能先人之所未言，正確預測趨勢。林教授既持續敏銳觀察國際及兩岸關係的現況，又能卓然運用

學理，深刻針砭國內當前在政經社會文化等多方面的重要問題。林教授盱衡情勢所提出的宏觀主張和建言，頗符中道精神，又契合新時代的需要。

　　鑒乎此，在林教授新的時政宏文將輯聚付印之際，樂為表達佩服，並申致恭賀之忱。

戴萬欽

（淡江大學榮譽教授）

推薦序四

　　林嘉誠教授的新作《順天應人天道酬勤》即將問世，而在本書付梓之前，親民黨主席宋楚瑜宣布五度參選總統。他參選總統的演講就是以「天道酬勤」為主題，所不同的是，宋的夸夸其言是個人從政參選的心路歷程。林教授的論述卻是中庸第二十章「博學之，審問之，明辨之，篤行之。」的現代寫照。

　　放眼國內學界，「學而優則仕」的人才其實不少，但上台身段優雅的，下台姿勢又漂亮的卻不多。可貴的是，由教授到從政，自台北市研考會主委、台北市副市長、行政院研考會主委至考選部長，功成身退。林教授是政府首長中，將政治學理論的專業知識應用於政府治理實務，暨能宏觀國際趨勢，又能兼顧國家發展與可行性的專家。他在台灣第一次政黨輪替的政權交接中，扮演運籌帷幄，襄助陳水扁總統，不居功又不為己謀的胸懷與身影，迄今無出其右，令人佩服！

　　本書的內容均為他卸任公職後的所見所思，沒有任何政黨意識型態的包袱。對當今藍綠政治惡鬥的亂象，苦口婆心，不偏不倚，又能保有孟子「說大人，則藐之」的風骨。不只針砭時事，不出惡言，也放眼國際，對美中台關係多所著墨。冷靜客觀，而非媚俗逢迎當道，字字珠璣。每篇文章，只要見諸報

端，都受到有識之士的讚賞，甚至在社群網站交相傳閱。而更令我個人驚嘆的是，林教授文思泉湧，所謂「辣筆著文章」，幾乎每日均有新作，不改他往昔在學術界每天在各媒體專欄快筆揮灑的風格。可見退休後的林教授寶刀未老，做為他的老友與讀者，不只欣羨讚嘆，尤盼他著書立說後，有朝一日能重出江湖，為國家再貢獻心力！

蘇進強
（前台灣時報社長、國安會諮詢委員）

推薦序五

　　四年一次的總統大選在2020年1月11日舉行，今年國內在政治上顯得格外熱鬧。總統乃一國之君，當選後將影響未來四年，甚至長遠國家的走向，以及人民的福祉。常態上總統候選人，應提供順天應人的福國利民政策，爭取多數選民的支持。然國內的政治乃為政客操作，執政者多數政策，以選舉連任為導向，大撒納稅人的錢。而主要在野黨候選人亦同，則大打高空，憑著口號選舉。更離譜的，行政院長每天都在選舉，所屬部會首長等政務官有樣學樣，悖理政治與行政道德，形成台灣特殊的現象。在此時期，更需要有識之士，勇於針砭時弊。作者為國內極少數具備政治經濟學博士的學者專家，曾任大學教授及中央、地方政府要職，對於國內政治、經濟、社會等事務熟識，一段時日後，再以第三者專業立場，執起筆桿，一口氣在報章雜誌發表一百餘篇文章，針砭時事。

　　作者除將前半年文章編輯出版外，近日發表的50餘篇再次出版，將此書訂名為《順天應人天道酬勤》，曾如作者所言，從政能為國家人民做事。同樣，寫作也能有所奉獻。這是他再次寫作出版本書的心情，也是長期從政與關心國事的心境。天道有常，王道亡（無）常，亡常者應有常也，希借由此書獨善

其身,也能兼濟天下。

　　本書分為四個部分:政治運作14篇,包括台灣政治發展、政黨政治、執政者使命、國會運作及意識形態等,作者以其早期參與政治活動及政務的經驗,以及政治學的專業,提出政治學理論詮釋與國內外的實務作法。經濟社會20篇,包括國際知識與世界觀培養、福利、保險與救助的差別等,作者以其大學唸台大經濟系根深的基石,以及多年從政參與經濟社會事務,根據經濟社會理論,提出務實的看法。國際關係7篇,主要以中國,香港,美國等與台灣未來關係密切的議題,提出國內應關心注意的問題。2020選舉12篇,以這次總統及立委選舉政黨操作的議題,以及未來總統與不分區立委的職責為主,作者以其政治觀察及民調專家立場,提出精闢的分析。本書作者以無黨派身分,站在專業的角度,以學術理論為基礎,以實務經驗為輔助,提出對台灣政治、經濟及社會等,相關政治制度長遠發展的看法。值得參與2020總統與立委選舉的候選人,在提出政策的參考與警惕,也值得參與政府決策及督促政府有識人士品嚐。

邱吉鶴

(前考選部政務次長、大學教授)

推薦序六

　　嘉誠教授在從政前，是筆者的同事及好友。教學之餘，他常發表他對時下焦點事件的分析，回首從前更能確知他觀察評論穿透的力道。很多過去他所提及的論點，筆者迄今仍記憶深刻，仍覺得很有道理。他擁有驚人的分析能力，除了博學、熱衷探索和豐富的經驗外，他相當能運用理論觀點，營造簡明好用的分析架構，使再雜亂無章的現實情景，也能顯現出條理紋路，閱讀他的著作，更可發現他這方面的特點。《順天應人天道酬勤》一書，談政治、談經濟、談社會、談天下、談選舉，也附上談香港情勢的牽連。他的書名，彰顯了他向來相信的哲理，各篇章的內涵，都吐露他真心話語，我期待新書早日出爐，讓人先睹為快。

李明政

（前東吳大學社會工作學系主任）

自序

　　本書共分四大部分：政治運作、經濟社會、國際關係、2020選舉。另附錄1篇，共計54篇文章。係作者於2019年8月〜2019年12月，撰寫的文章，均在媒體刊登，集成一冊。

　　本書係作者今年第二本論集，書名《順天應人天道酬勤》，副標題林嘉誠見思錄。近半年期間，國際、國內政治經濟發生重大變化。美中貿易戰雖然暫時停止，可是美中結構性衝突，在全球、區域的霸權爭奪，包括意識形態、生產體制、市場結構、科技軍事、貿易匯率、智慧財產權、技術轉移等。階段性關稅問題，已經衍生國際貿易、資金轉移等變化，兩個世界第一、第二經濟體的對峙，影響全球政治經濟等至深且巨。台灣當然沒有例外，尤其中國宣稱對於台灣擁有主權，威脅利誘，不放棄武力犯台。

　　2019元月習近平的一國兩制台灣方案，九二共識不包括一中共表，引起台灣內部的異議。蔡英文總統改以辣台妹自居，民進黨祭出抗中保台。2018年11月，民進黨在九項地方公職選舉挫敗，本來蔡英文民調支持度偏低。卻因諸種因素，反而後來居上。香港反送中運動超出各國預測，愈演愈烈，警民衝突迭起。五大訴求缺一不可，由時代革命光復香港，升高為復

仇、不惜玉石俱焚。台灣、香港不可同日而語，但是同樣面對中國大陸，對於台灣年輕世代，亡國感意識上升，間接影響總統選情。

台灣除了兩岸問題，與其他國家一樣，面對全球化、資訊化的時代，不少新興課題，猶待政府與人民同心協心，共同解決。本書配合時事，針對政治運作、經濟社會、國際關係，提出若干詮釋。作者政治學、經濟學訓練，擔任大學教授將近四十年。有機會出任政府部門首長十二年。累積的理論及實務經驗，秉持社會科學的專業、超出黨派的知識份子良知，理性客觀剖析問題，嘗試提出因應措施。

書名《順天應人天道酬勤》，代表作者的心境及寫作的原動力。六十七歲之齡，含飴弄孫之外，仍然筆耕不輟。完全有感於國事如麻，兩大主要政黨遭人詬病，不勝枚舉，尤其主政的政府。當然公共政策制定，面臨價值、民意、專業、資源等挑戰，可是執政者不當心態及作為，令人失望。專業知識及擔任八年政府研究發展考核部門首長，作者義無反顧，針對政策缺失，提出針砭。

回首前塵，建中、台灣大學、博士、教授、副市長、主委、部長，感謝上蒼賜予完整學經歷。有機會參與國政，教學相長，撰寫文章，接觸各式各樣人民。智慧、理想、真誠、勤奮，兩位大學學歷的父母親，從小教誨，身教言教終身受益。一種使命感，期待為國家社會做些事情，選擇主修政治學、經濟學。擔任大學教授或出任政府部門首長，秉持良知不亢不

卑，無欲則剛全力以赴。離開政府部門十年，年歲漸增，人生閱歷更廣，自然而然隨遇而安，順天應人盡其在我。

經濟學訓練，冥冥中看不見的手，調節市場經濟，也可以擴大為國家社會百態。天道酬勤，一分耕耘一分收穫，天下沒有白吃午餐。政治學專業，對於國家所處特殊國際環境，攸關國家安危人民福祉的兩岸互動，以及新興民主國家的諸多症候。有幸歷經政治學教授、政治評論者、政府部門首長。洞察時局，論事不論人，盡量理性客觀，依據學理事實，提出相應方案。介紹學理、各國經驗，充實人民政治知識，自我期許，撰文宗旨。

感謝蘋果日報、民報、聯合報刊登文章。家人、朋友、昔日同仁支持鼓勵。

天佑台灣

林嘉誠謹序
2019年12月

第一章

政治運作

1.台灣政治發展的回顧與前瞻
（2000-2020）

　　2020總統大選及立法委員選舉結果，攸關未來四年政局走向、公共政策的制定，人民福祉。尤其在國際政治經濟瞬息萬變，美國中國貿易貨幣等針鋒相對，印太戰略與一帶一路壁壘分明。香港局勢未定之天，台海兩岸緊張升高。外在環境因素對於國家政治發展，扮演不可忽略的角色。國內政治經濟社會問題，層出不窮，企盼政府理性回應，秉持專業客觀，妥善處理解決。

　　從政治發展的綜觀角度，回顧二十年（2000-2020）政治發展的軌跡，檢討往昔策劃未來。政治發展的經驗意涵，十分廣泛，因此沒有眾所共識的固定定義。但是政治發展與政治變遷、政治現代化、民主化自由化等，仍有不同意義。政治發展與社會科學發展理論相似，著重發展，包括過程及結果。而且含有價值取向，往更佳、理想狀態。與進步、成長等雷同。

　　經濟發展包括三大構面：經濟成長、經濟穩定、經濟分配。政治發展不似經濟發展，可以使用客觀指標衡量政治成長、政治穩定及政治分配。但是政治成長如果加入民主化、自由化、人權保障等元素。可以一些衡量的工具，例如若干國際

組織定期公布的人權報告、民主化、自由化（有時候針對個別言論自由、新聞自由等）跨國報告。政治穩定則一清二楚，與政治衝突大相逕庭強烈對照。人民抗議、選舉舞弊、街頭流血抗爭、甚至武裝革命等。政黨之間，國會全武行，議事中斷影響國計民生等，也是衡量政治穩定的指標。

　　政治發展比較無法兼顧政治分配。經濟分配有不少衡量指標，例如吉尼係數、羅蘭曲線等。政治是種權力分配，以及社會價值的權威分配。政治本質具有其他社會力、經濟力所未有的特質，例如絕對性、物理性、權威性等。為何政治人物汲取政治權力，理由不言而喻。為了避免權力造成腐化，防範濫用公權力，政治權力運作，在民主政治設計之下，有一定規畫。人權保障、統治權經由人民授予、有限政府、中央政府與地方政府分而治理、統治權分立相互制衡（行政、立法、司法三權分立）。政治分配某種層次，與政治制度密不可分。

　　政治發展的相反概念：政治逆退。人類近三百年政治變遷，歐美先進民主國家逐漸樹立民主政治。但是其中出現不少逆退現象，例如1930年代的德國納粹政府。1950之後，新興國家紛紛獨立，1960、1970掀起民主化、自由化潮流，台灣也不例外。1980之後，台灣政治發展日新月異，國會全面改選、解除黨禁報禁、終止動員戡亂時期、解除戒嚴、總統直接民選。

　　政治的構面：政治社區、政治典則及當局。政治發展因為不同時間，三個構面發展速度、焦點有所不同。國家建立時，政治社區成為政治發展重點，緊接政治典則、當局。當然不排

除三者同時發生。1980-2000台灣政治發展,即是如此。統獨議題攸關政治社區意識(國家認同、國民意識)在台灣仍然揮之不去,種下政治逆退的因子之一。

　　政治典則以政治制度及背後運作的精神文化為基礎。例如憲法架構、憲政精神、公民參與共識型政治文化等。台灣人民教育程度不低、社會多元化、中產階層比例中度、海洋文化薰陶、民主政治實施多年。1996總統民選之後,共同創造紀錄;2000首次中央政府政黨輪替、2008再度政黨輪替、2016首位女性總統。立法委員減半,單一選區、兩票制,限縮小黨林立(在立法院)現象。行政部門、立法部門之間互動,總統、行政院長職權分工。涉及政黨因素,幾度憲法修改,民主政治文化的有待充實,迄未完全解決困擾。

　　2000-2008,民進黨首次在中央政府執政,但是立法院由國民黨、親民黨共同取得超過二分之一以上席位。因此不少政治紛亂,例如核四案、罷免總統、對內閣提出不信任。儘管透過朝野協商,政府仍然順利運作,但是朝野政黨、政治領袖,缺乏協商共識的政治文化,國家發展打些折扣。尤其2004三一九槍擊事件,朝野對峙升級,國務機要費、紅衫軍反貪腐運動,陳水扁總統任滿不久,即身陷牢獄六年。

　　2008-2016,國民黨重返執政,在立法院取得安定多數。民進黨2008潰不成軍,逐漸恢復元氣,2012已然恢復最大在野黨角色。可惜朝野政黨缺乏共識,立法院抗爭不休,國民黨內部總統、立法委員未有效整合。民進黨未扮演在野黨角色,有

計畫培養人才，組成影子政府，針對國內外重大事件，提出對策。反而民間社會運動此起彼落，太陽花學運達到高峰。

八年期間，兩岸互動頻繁，但是國家認同分歧，反而政治對峙時有所聞。2000-2020，國際體系變化莫測，美國從對抗中東恐怖主義告一段落，轉而重返亞洲，歐巴馬的亞洲再平衡策略。川普總統的印太策略，面對中國大陸的崛起，貿易戰、科技戰、智慧財產、生產體系、背後政治經濟制度，全面性對抗。夾在兩強之間的國家，包括台灣，如何自處，運用智慧，追尋國家人民利益，考驗執政黨及政治領袖的抉擇。

2016民進黨首次完全執政，經過三年，民怨迭起，2018九合一地方選舉挫敗。三年執政為什麼缺失不勝枚舉。論者各抒己見，國民黨三年在野，未扮演忠誠在野黨角色。民進黨似乎也未做好執政的準備，識人不明，未正視公共政策專業理性本質，善用常任文官，政治酬庸文化不減反增。政治改革缺乏步驟循序漸進，若干主其事者自以為是，胸襟未能開潤，開誠布公集思廣益。

面對兩岸交流停滯，緊張升高，為政者更應該小心謹慎，步步為營。美國外交戰略仍然有其系統軌跡。台灣人民心知肚明，美國、中國大陸之間，如何取捨，消極上保障身家性命子孫安全，積極上，創造更多機會追求國家安定繁榮。柯文哲異軍突起，屹立將近五年。韓國瑜打破國民黨、民進黨的傳統，韓流、韓粉所反映社會政治經濟意義，均不可低估。

2020總統大選、立法委員選舉結果，即可能出現任何政黨

在立法院未過半數。總統及其指派的行政院長如何與此立法院互動運作，添增不少變數。如果總統由國民黨、民進黨以外人士當選。行政、立法又更加錯綜複雜，所有問題，均有賴國人共同思索尋求解決方案。

　　從政治發展縱向析之，2000-2008，行政、立法不同政黨主政，形成政治學所稱分離政府，當然運作困擾不已。2008-2020，行政、立法同一政黨主政，立法院有單一政黨超過半數，政治發展仍然問題叢生，令人浩嘆。2020如果出現立法院沒有任何政黨超過半數、行政、立法不同一政黨。添加不少變數。面對千變萬化的國際情勢、攸關全民福祉的兩岸關係，國內諸多政治經濟社會問題，有待解決。全民責無旁貸認真思考上述問題。

2.台灣政黨政治何去何從

　　最近一些政黨紛紛成立：台灣民眾黨、喜樂島聯盟黨、一邊一國行動黨、台灣維新黨。原先的主要政黨，執政的民主進步黨面對親本土人士另起爐灶，加上執政不力，在即將來臨的總統及立委選舉，前途未卜。國民黨方面亦然，韓國瑜打破國民黨的傳統，儼然成為新的領袖，可是在黨內仍然面臨挑戰，又有初選失敗的郭台銘虎視眈眈。爭議不休，是否在總統大選脫穎而出，為國民黨取得執政權，任誰也不敢保證。

　　時代力量，一年之內三度易主，五位立委之中，二位區域立委退黨，一位不分區立委遭到除籍迭人。雖然目前民調，該黨支持率仍然在門檻徬徊（5％）。可是台灣民眾黨瓜分，其他社民黨、綠黨、基進黨，同質性不低，時代力量能否在立委選舉過關，撲朔迷離。由陳水扁總統擔任精神領袖的一邊一國行動黨，如果選民高度連結，或許有衝出突圍的機會。喜樂島聯盟來勢洶洶，不可低估，未來發展令人矚目。

　　由柯文哲市長領軍的台灣民眾黨，在不分區立委應有一些席次，問題在於席次多寡。該黨不分區候選人，全國民眾拭目以待。區域立委或許斬獲不多，卻足以影響國、民兩黨的選情。未來立法院可能沒有任何政黨超過半數，民眾黨立委，相

形之下，舉足輕重角色。

政黨政治的本質

　　讀過政黨理論者對於政黨本質有起碼的認識。政黨是一群具有共同政治目的者結合一起。在民主國家通常透過凝聚民意、提出包括黨綱、黨章、共同政見，以民主選舉方法，取得政府各項公職。在立法部門有一定席次，或取得行政權施展抱負。各國政府體系有別，內閣制國家，行政立法一體，總統制國家或準總統制國家，行政、立法可能分由不同政黨主控，成為政治學所稱的分離政府。

　　台灣邁向民主之後，允許自由結社，包括政黨也林林立立，曾經正式登記核准，超過200個以上。由於立法委員選舉，採用單一選區，不分區立委門檻百分之五。因此可以在立法院取得席次的政黨屈指可數。4-5政黨，而且容易形成兩大黨。至於地方政治，小黨空間稍稍擴大，例如台灣一些小型政黨在地方議會擁有席位。沒有任何公職的政黨，依法仍然可以活動，只是政治影響力式微。各國狀況不一，與選舉制度、相關立法等有關。

　　包括德國、台灣，制定政黨法，泰半民主國家沒有專訂政黨法，在其他法律（例如選舉法、政治獻金法等）加以規範。政黨與選舉密不可分，除了威權國家，沒有定期選舉，甚至沒有結社、集會、言論等自由。沒有強有力在野黨，名實不符小

黨，地下革命政黨。政黨政治與政治發展、民主自由化，幾乎同步成長。台灣政黨政治亦是，隨著解嚴、開放報禁、黨禁，終止動員戡亂時期，廢除臨時條款。中央民意代表全面改選，總統直接民選，三次政黨輪替，早已走向政治學者所言第三波民主鞏固階段。

　　但是揆之事實，台灣民主政治、政黨政治，仍與多數新興民主國家一樣，充滿挑戰及危機，尤其台灣面對中國大陸威脅，政治文化根基未穩，國家認同爭議。加上包括民主先進國家紛紛呈現的政黨政治症候，台灣政黨政治何去何從，頗值深入探究。

政黨政治的挑戰與機會

　　各種錯綜複雜原因，民主先進國家，以傳統兩黨政治為主軸的體系，出現裂縫，充滿挑戰威脅。比較政治學者對於這些趨勢，嘗試建構修正理論。簡單了解美國、英國、法國、德國、義大利等民主先進國家或二戰後致力民主發展國家。美國兩黨政治雖然未有調整，但是川普的崛起，執政三年的所作所為，改變共和黨的本質。民主黨亦有改變，代表大政府的桑默斯迄今聲勢不退，民主黨眾院成員多元化，角逐總統提名的候選人亦然。兩黨均因應社會，逐漸質性變化，未來兩黨互動，政黨政治，塵埃未定。

　　民主古老國家的英國，除了二十世紀初，工黨取代自由

黨，與保守黨構成兩黨政治。近年來千變萬化，工黨曾經布萊爾的第三路線突破柴契爾保守政權。兩次全國性公民投票：蘇格蘭獨立、脫離歐盟。英國政治迄今紛擾不休，保守黨內部分裂，梅伊首相鞠躬下台，強生首相強悍脫歐措施，一陣嘩然。工黨卻扶不起，身為最大在野黨，遲未提出相對方案。不少人民對於兩大政黨，早已失去信任，尤其蘇格蘭、北愛爾蘭民眾。

法國總統馬克宏以黑馬之姿，結束法國傳統左、右兩大陣線當選總統，並扶持同志取得國會多數。但是極右勢力抬頭，執政缺失引起黃絲巾街頭抗爭，與德國、義大利、西班牙相似。主要政黨支持度降低，單一議題政黨林立（例如難民處理、能源、同性婚姻、環境保護、氣候變遷、或區域性課題）。包括歐洲議會、歐盟整合、重大建設、政府財政、是否紓困等，西班牙、義大利、希臘等，聯合政府頻繁重組。比利時、愛爾蘭出現政府真空一段時間。北歐國家亦是政黨加速輪替，新興民主國家的東歐，蘇聯解體獨立的烏克蘭、白俄羅斯等，也是問題叢生。

政治學者對於政黨重組、人民政黨認同變化、人民對於政黨不信任，有若干分析，例如福山的認同危機等。但是尚未有眾所周知的結論，對於台灣政黨政治何去何從，無法立即剖析參酌，況且各國狀況有別。

小結

　　台灣明年元月十一日總統、立委選舉，反映人民對於國民、民進兩大黨的綜合評價，結果左右未來政黨政治的變遷。政黨內部決策模式、體質，政黨彼此之間的協商文化等，均影響台灣未來政治穩定及發展，國人共同努力。

3.政治人物的失言與失能

　　台北市長柯文哲形容總統府祕書長陳菊是肥的韓國瑜,被若干人認為失言,應該道歉。柯市長回擊段宜康,肥瘦只是形容詞,不道歉。高雄市長韓國瑜自去年掀起政壇旋風,現在又代表國民黨參選總統。一言一行備受矚目,一些言論也被視為失言。南北兩位直轄市長,均是台灣政壇的奇葩。由於發言與傳統政治人物大異其趣,受到不少支持者青睞,但是也常遭到失言的批評。

　　其實台灣政治人物,民意代表似乎有言論免責權,放言高論、酸言酸語,社會大眾一笑置之,不太計較。也許民意代表為民喉舌,代表人民監督行政部門,又沒有行政實權。因此言論尺度較寬,人民衡量標準,與行政首長大相逕庭。但是既然都是政治人物,言行舉止,影響社會大眾,民意代表也宜自我謹慎,不要語不驚人誓不休。行政首長當然更是責無旁貸,少失言,若有失言,儘快公開道歉。

　　民主國家,定期選舉,民選行政首長,如果一再失言,人民自然以選票反映。美國總統川普,英國首相強生,失言頻繁,人民評價不一。政治人物不宜頻繁失言,政治人物的失能,在民主國家,更受到正視,而且影響國家發展。香港特首

林鄭月娥近幾月的表現,即是失能,反送中一發不可收拾。國民黨、民進黨在台灣輪替執政,人民的評價,兩黨政治人物的失能,造成柯、韓兩位非典型政治人物崛起。政治素人的郭台銘如果代表第三勢力參選總統,亦然。

政治人物的失能,包括行政首長、國會議員、重要政黨幹部,其中又以最高行政首長為主。台灣民主政治發展一段時間,但是若干新興民主國家的不適症候,無法避免。尤其採取總統直接民選,英雄式政治人物,容易脫穎而出。例如菲律賓、巴西、烏克蘭等。選民不完全考慮候選人治國能力,或只是兩害相權取其輕。長期執政,績效不彰,人民怨聲載道,因此選擇在野政黨。當兩大主要政黨,均被人民唾棄,第三勢力應運而生。法國、薩爾瓦多等總統選舉即是。內閣制國家,新興政黨林立,極端政黨竄起,聯合內閣搖搖欲墜,不言而喻。

民主選舉,政治人物的治國能力,被選民忽略,俟執政之後原形畢露,失能無所遁形。有些政治人物雖然能力尚可勝任,但是缺乏識人之明,執政團隊狀況迭起,也是造成失能的主因。權力造成腐化,例如辛巴威剛剛逝去,執政37年總統,由解放者變成壓迫者,類似情況,不勝枚舉。台灣政治人物應該深切反省,為何失言頻仍的兩位市長,可以挑戰兩大主要政黨。傳統政治人物謹言慎行,但是執政不力,失能損害國家利益、人民福祉。

不少國人義正詞嚴抨擊政治人物失言之際,也許仔細想

考，政治人物的失能，甚於失言。大家更有必要正視政治人物
的治理能力，及是否失能。

4.依法謹慎運用國家機器

　　高雄市長韓國瑜指責蔡英文政府濫用國家機器，監控他的一舉一動。蔡英文總統、蘇貞昌院長異口同聲表示，國家機器很忙，不會做這種事。人民是否相信，也許見仁見智，但是依法謹慎運用國家機器，攸關人民免於恐懼自由，政府統治權的合理行使，影響民主政治的運作，不能等閒視之。

　　廣義的國家機器係指行使國家的統治權的政府部門，包括中央政府及地方政府。政治權力包括政府統治權及基本人權。民主國家由人民或人民代表，制定憲法及法律區分政府統治權及基本人權。政府統治權避免過度集中，權力造成腐化，政府統治權分而治之，包括中央政府及各級地方政府，中央政府採取行政、立法、司法三權分立，相互制衡。

　　一般慣稱的國家機器，狹義以司法機關、情治機關為主。民主國家為了避免國家機器遭到濫用，損害人民權益，除了司法機關超出黨派，公正行使司法權。情治機關有法定權限，民意機關設立情報委員會負責監督。由於情治機關以維護國家安全為職志，事涉不少國家機密，行事風格無法完全公開透明，添加若干神祕色彩。唯有透過更民主機制，孕育民主人權文化、主事者以身作則，才能在民主軌道之下順利運作，而不逾

越分寸。

隨著資訊科技的發達，國家機器可以掌控的監督工具，日新月異。一些新興民主國家或非民主國家，透過高科技控制人民行動的情事與日俱增。中國大陸建立社會安全檔案、辨別系統使人人自危。香港反送中運動，不少參與者蒙面自保。全民公敵印象深刻，更使得國家機器的合法謹慎運用，備受矚目。

民主自由人權倒退堪憂

民進黨及其前身的黨外政團，在台灣民主化運動，扮演不可忽視角色。隨著台灣民主轉型，自由民主已經成熟，民進黨成員結構也調整不少。2016民進黨首次完全執政，掌握行政、立法部門。卻在民主自由人權方面引起爭議，包括不當黨產處理、促進轉型正義等立法，有悖法律原則。

中國大陸威脅依在，網路社會不實訊息氾濫，均考驗情治機關的能力決心。但是身為主要部門負責人及重要政府領導人，如何在國家安全及人權保障之間取得分際。包括民主先進國家均再三深思熟慮，避免傾斜造成損害。國家機器為全民所有，不屬於特定政治團體或政治人物。但是包括1950-1970美國聯邦調查局胡佛局長的實例，情治機關的特殊性，政府領導人的自我節制，情治人員不得逾矩或爭寵邀功。樹立民主透明的監督機制，對於違法者繩之處罰。

台灣是新興民主國家，歷經三次政黨輪替，情治機關已經

逐漸超越黨派，情治人員秉持法律獨立行使職權。但是仍有若干濫用國家機器的傳聞，政府領導人否認之餘，也宜思索如何確實依法謹慎運用國家機器。

5.革命領袖與治國人才有別

　　民進黨政府處理陳同佳案，由於諸多考慮，有些荒腔走板，引發國人不少批評。香港政府拒絕台灣政府直接派人赴港帶回嫌犯，小英政府在數日之內出爾反爾，下一步如何接招，大家拭目以待。

　　其實，連續一周的不可思議舉動，完全凸顯2016民進黨完全執政之後，執政能力欠佳的症候。民進黨長期在野，2000-2008雖然取得行政權，立法院泛藍多數，許多政策無法貫徹，執政不力，情有可諒。近四年的表現，雖然小英提出若干自我合理說詞，例如不得罪人工作早被做完，改革速度太快，人民沒有跟上，施政效果不能短期見效等。這些理由是否說服民眾，選舉結果固然指標之一，但是三年多執政，識人不明，團隊素質參差不一，政治酬庸令人咋舌，利多政策大放送，財政紀律蕩然。凡事推塞責任，打著轉型正義、反中保台，為所欲為，漠視法治人權。

　　台灣缺乏治國人才，究其原因，錯綜複雜，長期威權統治，政治菁英拔擢大有問題。社會科學受到忽視，由明星男性高中學校志願選擇，略知大概。國民黨早期，形式上有一套治國人才的培養措施，近年來已經不再。民進黨及其前身黨外時

代，致力民主化，傾向自然產生革命領袖，馬上取天下，不保證馬下治天下。現代民主政治，競選團隊，並非等同治國團隊。

民進黨近三十年，隨著台灣民主發展，早非革命領袖，卻孕育不少精於選舉策略的人士。相較之下，國民黨瞠乎其後，不論人才培育、文宣訴求，無法等量齊觀。可是專業化、國際化、資訊化的時代，加上台灣處於特殊國際環境，虎視眈眈的中國大陸。台灣的政府及主要領導人、幹部，要求的條件，不言而喻，否則根本無法勝任。1996總統直接民選之後，短短二十四年，歷經三次政黨輪替，顯現執政黨無法制定良好公共政策，滿足人民需求。今年總統大選，相關民調，有三成民眾對於民進、國民兩黨皆不滿意。

非民主國家，透過獨立建國、人民革命、政變等產生政府，第一代革命領袖通常有若干共同特質，與一般人迥異，革命領袖的政治人格討論不少。為了治理國家，這些革命領袖通常任用一批專業人士協助。綜觀非民主國家，第二代政府領導人，以學習可以富國利民的科技學程為主。所謂的科技政治、技術專家治國，中國大陸、五十、六十年代的台灣，均是如此。與民主國家，透過民主選舉產生的行政首長、主要幹部，以學習法政、財經為主，大異其趣。

台灣有不錯的文官體制，政治任命比例不似美國，反而與內閣制國家雷同。常任文官選拔多元化，使政府注入專業涵養。現代國家，公共政策不外乎專業、價值、民意。政務官雖

然不必專業，但是基本訓練不可或缺，領導常任文官，掌握民意，有基礎的人權民主價值。民進黨近四年執政的最主要缺失，不信任專業文官，未有計畫培養政務官，治國人才匱乏。

革命領袖與治國人才有別，台灣而言，革命領袖時代已經消逝，治國人才時代來臨。民主選舉，治國人才如何脫穎而出，非內閣制本來提供較佳途徑。可惜國人、主要政治人物缺乏認知、胸襟，造成近十年政治紛擾。

6.政府首長的使命與職責

　　總統大選逐漸白熱化，柯文哲、郭台銘、王金平是否聯合，以第三勢力參選，備受矚目。代表兩大政黨的蔡英文、韓國瑜，彼此互相交火，卻言不及義，令人費解。堂堂總統大選及立委選舉，攸關國家前途、全民福祉。主要政黨及候選人責無旁貸，應該以莊嚴態度向全國人民報告，未來如何治理國家，帶給人民幸福。尤其爭取連任的執政黨，更宜如此。

　　民進黨完全執政將近四年，施政良否，人民自有裁奪。民進黨中央本來應該向人民說明過去四年執政績效，未來如何承先啟後。可是卻以批評不同政黨、候選人為選舉主軸，模糊焦點。再者，國際關係千變萬化，美國、中國相互角力，台灣如何自求多福，安全第一，確保主權自由民主，國家持續茁長，增進人民福祉。執政黨應該告訴國人，過去做了什麼，未來的優勢、劣勢，機會、威脅，提出具體可行對策。挑戰的在野政黨及候選人亦然，義無反顧。

　　揆之事實，完全大異相趣，執政黨以所謂反中保台，危言聳聽，大打恐懼牌。在野黨及候選人迄今也未提出完整的國政藍圖。兩大政黨彼此人身攻擊，充斥口水戰，連高層人員均介入。或許包括成熟民主國家，選舉過程充斥此種遺憾現象，但

是台灣有過之無不及，選民不能只是無奈，必須集體發出正義怒吼，要求導正歪風。神聖一票就是最佳利器。

朝野政黨失職　全民覺醒反制

面對國際、國內諸多政治、經濟、社會問題，政府首長（包括總統、行政院長、部會首長）的使命與職責，不言而喻。面對問題、分析問題、提出解決問題的對策。民智已開的台灣社會，人民有權課責現任及未來可能的行政首長，向全民承諾，並提出具體可行措施。過去施政的成績單，當然可以公諸大眾，但是不宜自吹自擂，因為人民授予權力，理應如此。未來可能接替政府的政黨、候選人，施政理念、具體方案、執政團隊，均應該向人民負責任交代。

配合立法院改選，明年元月十一日大選結果，如果出現沒有政黨在立法院超過半數，總統當選人與立法院主要政黨不同黨籍。政府如何運作，政黨如何決策，行政立法如何互動。選民有權要求主要政黨及候選人，在未來選舉期間，告訴選民答案。台灣政治發展，2000年至2008年，行政、立法不同政黨，立法院朝小野大，政治紛爭層出不窮。2008年至2020元月，行政、立法同一政黨主政，並在立法院穩定多數，卻仍然政治衝突迭起，人民搖頭浩嘆。缺乏協商政治文化，決策模式問題重重，政黨利益凌駕一切，均是主因。

國事如麻，有良知的政府首長的使命與職責，一目了然。

全民有必要覺醒，形成一股勢不可擋力量，要求各主要政黨、
候選人清楚說明。

7.意識形態治國的政治解析

　　民進黨政府處理香港陳同佳案，反反覆覆出爾反爾。與三年多來完全執政，處理管中閔案、口譯哥案、吳音寧案等相似，如出一轍。完全執政為所欲為，在其他方面亦然，不勝枚舉。國民黨時常抨擊民進黨意識形態治國，堅持台灣獨立、反核能發電，揆諸事實，並非如此。

　　小英政府雖然祭出反中保台，在習五條一國兩制台灣方案，香港反送中運動愈演愈烈，以辣台妹自居，乘勝追擊。大打芒果乾（亡國感）策略，爭取一些選民支持。但是小英在親美反中主軸，以維持現狀為主，反而引發主張台灣獨立的本土人士抨擊。能源政策則反核色彩鮮明，再生能源推動，前途未卜，部分的確具有若干信念。在選舉前夕，利多政策大放送，是否因為大政府認知，偏向社會福利、救助傾向，答案似乎是否定。選舉考慮為主，小英政府不少政策，其實並未完全傾向弱勢群體。

　　意識形態一詞本來相當中性，可是在台灣卻成為負面名詞。意識形態是一種系統性思想，範圍小於主義。例如共產主義、社會主義、資本主義、自由主義、修正自由主義、民族主義，或是孫中山的三民主義。主義是綜合思想、信仰、行動。

意識形態僅是系統性思想，通常應用於政府角色，政府、市場互動等。近代西方主要政治意識形態，十之八九如此。例如古典自由主義、修正自由主義、社會主義、民主社會主義，極端的共產主義、無政府主義、資本主義、工團主義、國家資本主義等。抽取思想部分，形成各種意識形態，衍生不同政黨。

除了民族主義、國家認同之外，各國政治運作，極易出現價值觀不一，見仁見智眾說紛紜。政黨應運而生，扮演意見凝聚、整合功能，透過黨章、黨綱、共同政見，結合一群共同主張或利益的人，訴諸大眾。在民主國家，透過選舉取得執政機會，實現理念。在非民主國家，可能透過社會運動、革命等取得政權或推動理念。意識形態被稱為具備系統性，但是又具排他性、簡易性，不完全符合現實。人類近三百年歷史，不同意識形態政黨彼此之間合作、競爭、對抗、甚至武力相向。國家之間，一國之內，各政黨之間。

意識形態的過度簡化，排他性，又處理巨大議題，在二十一世紀的今天，出現不少問題。例如不能含括新生的單一課題，例如同婚、氣候變遷、環境保護、難民、區域問題等。加上民族主義、國家認同等底層核心課題。此外，政治的世俗化，政治現實不少利益取向，政客們信口開河，民粹導向，集體利益分配。新興的政治理論，雖然沒有近代政治意識形態的系統化、周全化、完整化。但是或多或少彌補缺失，反應目前的政治事實。

美國、英國、法國、德國、西班牙、義大利等如此，台

灣、亞洲、東歐新民主國家亦然。中國大陸民族偉大復興，以
獨特國家資本主義成功經驗自我鼓吹。計畫經濟、市場經濟、
政府角色、社會福利、財政紀律等，其實並不複雜。意識形態
治國，民進黨完全執政的缺失，也許些微相關。但是心態不夠
開放、用人不當、缺乏專業素養、自以為是、沒有系統思維，
卻自宥某些所謂價值，應是主因。

8.民進黨記得自己是執政黨

　　箱屍案引發香港反送中風潮，迄今不可收拾。民進黨政府乘機推動反中保台，效果似乎不錯，樂此不疲。港府擬安排嫌犯來台，陸委會批港踢皮球，蔡英文也稱台港司法互助很重要。香港特區政府也發表六點聲明，說明來龍去脈。包括馬英九、韓國瑜等質疑政府放棄司法管轄權。

　　民進黨於2016首次完全執政，2000-2008雖然贏得總統大選，可是立法院仍由泛藍控制。因此一些作為無法貫徹，尚情有可諒。2016之後，完全執政當然完全負責，可是也許第一次完全執政，長期扮演在野黨角色，沒有執政的準備。三年多來，民進黨政府狀況不少，似乎忘記自己是執政黨。例如執政之初，批評前朝遺留，人民尚可接受，已經一段時間，依然老調重彈，不知何黨執政。

　　民進黨執政，政治酬庸有增無減，近日發生事故的單位，例如華航、港務公司、桃機公司等，均呈現負責人並非具備專業的現象。面對此種外部批評，民進黨政府時常大言不慚回應，國民黨執政也是如此。選前利多政策大放送，不尊重專業擬定政策，置財政紀律於不顧。民間指責此起彼落，也是一付義正詞嚴，國民黨政府亦然。堂堂執政黨，老是以前朝之非，

為自己不是背書。滑天下大稽，如果天下烏鴉一般黑，豈非自己承認，人民又為何支持執政，淘汰原有執政黨？

　　民進黨此次祭出反中保台，可是被批評打亡國感（芒果乾）策略，又推得一乾二淨。台灣面對中國大陸文攻武嚇，威脅利誘無恐不入，加上國際局勢變化，作為執政黨應該理性慎思，安定人心，提出真正團結民意的政策。大談團結台灣，卻固步自封，自以為是。抱著主權民主自由，口口聲聲愛台灣，一付這些均是自己專利，甚至影射其他人可能出賣台灣。執政黨本來就要接受批評監督，卻有意無意指責批評者動機不良。蔣介石威權統治時代，以反共為名行專政之實，隨意限制人民自由，例如檢肅匪諜，冠上異議者隔海唱和。大聲疾呼轉型正義的民進黨政府務必胸襟開放，否則成為笑譚。

　　為何出現如此現象，忘記自己是執政黨，缺乏完全執政的經驗，均是主因。以此次港府作為，執政者早應掌握，劍及履及回應。對於常任文官的不信任，所任用政務官素質參差不齊，機要幕僚有待加強，諸多因素，加上可以推衍塞責。例如外交失利、喪失邦交國，無法參加重要國際組織會議，全部推給中國大陸打壓。也許事實八九不離十，但是人民支持執政，首要之務就是掌握機先，制定可長可久、符合多數人民福祉的公共政策。

　　港府六點聲明之後，民進黨政府如何回應，不能僅以中國大陸及港府動機不良略過。司法管轄攸關國家主權，在大選前夕，香港反送中演變時代革命光復香港。民進黨上上下下，配

合推動反中保台，選情助益匪淺。突如其來的嫌犯自首、自願
來台，民進黨政府踟躕猶疑，應可理解。但是作為完全執政
者，如何接招，其實昭然若揭，截至目前，民進黨政府的反
應，與三年多沒有差異，負起全責的執政心態，仍然不足。

9.國會是民主政治必要的惡？

　　明年元月總統立委選舉，由於總統選舉逐漸明朗化，本來受到忽視的立委選舉逐步受到矚目。未來立法院是否發生政黨不過半現象，即使蔡英文連任成功，無法為所欲為。民進黨中央大聲疾呼立法院過半，可是偏綠政黨林立，加上民眾黨來勢洶洶，2016完全執政的民進黨政府表現欠佳，國民黨也乏善可陳。113席立法院如何分布，攸關未來四年政局發展。

　　台灣國會全面改選迄今，已經將近三十年。2008立委人數減半，區域立委改為單一選區，三十四位不分區立委，改由政黨投票，限定門檻百分之五。因此兩個主要政黨之外，能夠在立法院獲得席次，除了無黨籍屈指可數，小黨也十分有限。而且變化莫測，例如親民黨之外，2016時代力量取代台灣團結聯盟。此次立委選舉，親民黨、時代力量是否越過門檻，未定之天。民眾黨是否與郭台銘力量結盟，應是左右選情重要因素。一邊一國黨、喜樂島聯盟又瓜分多少親綠選票，也不可忽視。

　　民進黨了解執政不力、分裂投票危機，在總統選情逐漸穩定之後，固守立委選舉。但是僧多粥少，不分區立委角逐白熱化，醜態百出，連提名委員也擺不平。立法委員職權有如民主國家的單一國會，立法權、預算審查權、質詢權、人事同意

權、重大議案議決權、調查權等。台灣雖然總統直選，不是內閣制，但是由總統、行政院長組合的行政部門，形式上受到立法院的制衡。透過政黨政治的運作，憲法的規定，例如總統的國是報告、行政院的複議權、立法院對總統的彈劾權，立法院也有修憲的發動權。

台灣兩個主要政黨均非純粹內造政黨（政黨決策核心以國會黨團為主，通常在內閣制國家，或美國總統制國家，非總統政黨），如果取得總統職位，仍須視在立法院是否獲得半數以上席位（例如1996-2000國民黨，2008-2016國民黨，2016-2020元月民進黨）。總統、行政院、立法院該黨黨團、該黨中央黨部，四者之間如何形成決策。2000-2008，民進黨取得總統，立法院國民黨、親民黨泛藍超過半數。沒有組成聯合內閣，缺乏政治協商文化，主要政黨內部決策模式未定。許多國家重要政策懸而未決，政治紛亂不堪。

經濟學始祖亞當史密斯稱政府是必要的惡，應該有限政府，扮演夜裡守門狗角色，尊重市場經濟運作機能。民主政治防止權力造成腐化，統治權分而治之相互制衡。國會制度源自於此，不論兩院制的美國，或形式上兩院的英國、德國、日本。單一國會的法國、台灣。國會議員舉足輕重，內閣制國家更是內閣閣員的必備條件。民選國會議員，選風良否，人民的政治水平、投票行為，國會黨團運作，國會議員的問政模式，諸多因素構成國會全貌。

台灣立法院經過多年變化，議事規則、助理制度、協商機

制、透明度等改進不少。民間亦有監督組織，定期公布立委問政表現。立委已經成為地方民選首長、中央政府政務官的主要來源。可是立法院整體表現，人民評價不高，集體對抗、議事停滯、問政言不及義、質詢制度問題叢生等，有待加強之處不勝枚舉。國會是民主制度必要的惡，如何降低負面功能，提升正面效益，仍待人民、政黨、國會議員攜手努力。

10.由芒果乾談政治群體意識

　　芒果乾爭議，引發兩位前後任總統針鋒相對互不相讓，各自支持者指責對方才是芒果乾的始作俑者。亡國感被稱為芒果乾，乃是相當悚人的字眼，習近平一國兩制台灣方案，蔡英文以辣台妹自居強烈回應。總統大選在即，蔡支持度逆轉勝，食髓知味，樂此不疲。可是瀰漫芒果乾氣氛，絕非國家人民之福。

　　香港反送中運動如火如荼，經過一百多天，沒有減退的跡象。香港與台灣處境不同，但是也有相似之處，尤其一國兩制部分。心理感染不言而喻，特別是年輕世代。韓國瑜聲譽下滑，第三勢力未推派總統候選人，蔡的支持度領先對手。民進黨的反中保台、利多政策大放送，屢試不爽，辣台妹名號有增無減。雖然亡國感的意識已經減退，可是香港問題未塵埃落定之前，仍然有其作用。

　　亡國感是何其嚴重的現象，台灣人民有些國家認同分歧，所謂亡國感是否不同，頗值玩味。中華民國、台灣、或是中華民國台灣。此次國慶影片特別凸顯土地，國家基本要素：人民、土地、主權、政府。國際承認內涵比較複雜，各國承認或參加重要國際政府組織等。巴勒斯坦曾經沒有土地，台灣則具

備國家的要件，國際承認受到中國大陸打壓。主張台灣法理獨立人士，大聲疾呼正名制憲入聯。維持現狀人士則力持保持現狀，不變更國號。也有力主保護中華民國，以中華民國為榮為傲。

此種似乎國家認同的紛歧，掀起統獨爭執，的確困擾台灣政治發展。但是為何彼此之間能夠共存，究其原因，時間因素，現在或未來。國際關係也是原因之一，主張台灣法理獨立的支持力度不強，不言自明。中國大陸的非民主威權體制，也是反對立即統一的成因。共同政治群體意識，扮演不可忽視的角色，政治群體意識不完全與國民意識、民族主義劃上等號，卻是支撐政治群體（以國家為主，也有可能是自治實體、部落等）。

政治系統理論對於政治群體及政治群體意識，有完整的詮釋。政治系統包括政治群體、政治典則、當局。政治群體係指一定範圍之內，一群人感覺共同生活，有如社區概念，彼此分工合作。政治群體因此建構政治典則，包括政治制度及相關法律規範等。當局則是領導執行政治典則、政治群體的一群人或單獨個人。比照現實政治，政治群體幾乎就是國家，政治典則就是政府結構、法律體系等。當局乃是政府領導人及主要幹部。

台灣二千三百萬人民，自1949之後，在台澎金馬土地之內，共同生活，採取分工合作模式。原住民、本省籍、所謂外省籍、新住民，經過七十年整合。政治典則也由動員戡亂臨

時條款、解除戒嚴、中央民代全面改選、幾度修改憲法、總統民選而改變。當局更是不斷新陳代謝，而且產生方式、任期有別。政治群體意識奠定在政治群體之上，政治典則、當局亦然。國內所謂亡國感，不論中華民國或台灣，均指涉此政治群體。

　　從政治群體的概念分析，統獨爭議不必擴大。政治群體意識自然而然根植共同生活的這些人腦中。台灣近七十年政治經濟社會變遷，此種政治群體、政治群體意識，根深蒂固。亡國感絕非常態，事實並非如此，任何政治人物不可危言聳聽，刻意渲染。

11.政府組織改造猶待努力

　　南方澳跨港大橋斷裂造成死傷，主管該橋樑的台灣港務公司與宜蘭縣政府責任歸屬，引發爭議。有立委建議成立橋樑局統籌全台灣橋樑事宜，此種建議，有待商榷。包括中央政府、地方政府如何職權釐清，中央政府各部會之間組織職權區分，均有待加強。

　　政府組織改造已經進行數十年，暫且不討論中央政府與地方政府的職權區分，純就中央政府的組織改造，1999進行精省作業，原有龐雜的台灣省政府業務、人員、組織，分別納入中央政府、地方政府或取消。行政院展開政府改造，中央政府組織基準法、總員額法、行政院組織法修正案，自2002送到立法院審議。歷經兩次政黨輪替，數屆立法委員更迭，迄今仍有若干部會未完成立法，例如環境資源部、農業部等。

　　政府組織改造本來隨時因應外部環境而調整，也有採取全面性策略，集一役而畢之。台灣的中央政府自中國大陸搬來，隨著組織擴大，一度行政院所屬部會高達三十多個。三級機關、四級機關更是數百個。加上國營企業、外圍子公司、財團法人基金會、新設行政法人、獨立行政機關，累積上千個。面積不大的台灣，純粹中央政府相關部門，如此疊床架屋。衍生

的問題不言而喻，政治酬庸不勝枚舉，職權區分不清，爭功諉過。縱向領導橫向聯繫問題重重，政府財政告緊支出不貲。

雖然歷經十多年改革，部會數目減少，三、四級機關亦然。秉持公私部門分工，民間可做，政府不做，地方可做，中央不做。政府組織改造有些成績，公務員服務態度，政府e化，行政效率提升，作業流程簡化，各部門橫向聯繫改善等，有目共睹。但是政府組織改造，尚未成功猶待努力。以行政院本部為例，本來七組，現在擴大將近二十個處及辦公室。行政院各部會規模甚大，部會首長乃是內閣成員，應該權責合一，行政院本部僅是幕僚整合單位，可是目前有一些本末倒置缺失。

任何政府部門職權區分，必然存在灰色地帶，首長的領導才能，克服困難。此外行政院政務委員扮演協調部會功能，國家發展委員會等法定職權亦然。各部會所屬三、四級機關、公營企業、財團法人、行政法人等亦是。坦然而言，包括內政、國防、外交、教育、經濟、財政、交通、法務等八大部，部長何其重要。可是近年來，堂堂部長自我限縮，缺乏政務官風範，更迭太快。總統、行政院長走在前面，大型部會首長相形失色，許多政府效能打了折扣。

政府組織改造，中央政府、地方政府如何分工，既符合地方自治，跨域治理、政府一體等理念，討論盈庭，為與不為，不是能與不能。發生事故，只是增設機關，完全走錯方向。台灣負責水、山、海洋、河川、道路等業務，均涉及中央、地方

政府，中央政府也有若干不同部會。斧底抽薪在於更清楚整合分工，而非另起爐灶，犬牙交錯。

　　全面檢討公營企業、財團法人，裁撤合併。獨立機關、行政法人，名實相符，有效績效評估。全民支持力度強化，政府組織改造才能克竟膚功。

12.載舟覆舟的政治解析

　　總統大選，正式開始連署，民進黨、國民黨、親民黨、時代力量，依法可以自行提名正、副總統候選人，其他有意角逐者，必須透過連署。郭台銘與柯文哲聯盟，展開連署活動，備受矚目。王金平的動向，自行連署、與親民黨合作，擔任副手，諸多抉擇。時代力量揚言不排除由黃國昌披掛上陣，被視為與民進黨示意。喜樂島聯盟信誓旦旦，不在總統大選缺席。

　　水可載舟覆舟，古有明訓，暴政必亡。昔日沒有定期選舉，奉勸明君，掌握民心向背，民有民享，否則動亂迭起，失掉政權。問題焦點，非民主的威權統治，有時延續一段時間，透過威脅利誘維繫政權。人民敢怒不敢言，綜觀中外歷史，人民革命頻率反而低於各式各樣政變（例如宮廷政變、軍事政變）。所幸人類歷史發展，民主政治日益普及，包括民主先進國家、新興民主國家等。

　　民主政治雖然問題叢生，但是唯賴民主體制、運作機能，解決問題。迄今未有更佳體制取而代之。透過人民定期選舉，限制行政首長任期，避免權力造成腐化。當然另有治權分立、人權保障、法治，甚至政黨政治、地方分權等配套措施。人民是水，政黨或候選人是舟，水的性質多元化，非齊一單純，因

此政黨或候選人也多樣性，亦即在水上漂流的舟各式各樣。最高行政首長只有一位，舟的數目無法太多，水因此異質化不會太多元。

英雄造時勢，或時勢造英雄，猶如蛋生雞，或雞生蛋，不易釐清。水跟舟的關係，則一目了然，水可載舟覆舟。觀察台灣近三十年政治發展，也許若干政黨、政治人物引領風騷，帶動民主風潮，但是仔細想想，時勢造英雄成份不可低估。以民進黨及前身黨外政團為例。自1950台灣有各項選舉，約有三成選民不支持國民黨候選人，這些力量被視為本土、或現在的綠營支持者。

雖然隨著時間演變，已經人事已非，包括民進黨負責人及選民，但是一個基本架構依在。這些所謂本土或廣義綠營支持者（或許已低於三成或擴大三成以上），居於比較主導地位，他（她）們是水，民進黨人是舟。大綠及小綠亦然，各式各樣舟，爭取在這些水上行走，水量當然非一成不變。同樣的道理適用在柯文哲白色力量，韓國瑜的韓粉，百年老店一波三折的國民黨。

自古英雄自我期許創造時勢，逆水行舟亦然。可是水可載舟覆舟，意義深遠，政治解析固然不易，但是其中奧妙，當前的政黨及政治人物應該反躬自省。國家主人的人民也不必自我矮化，重振信心。民主國家，載舟覆舟理所當然，本末倒置，必然付出昂貴代價。

13.憲政改革的若干省思

　　隨著總統大選的逼近，各主要總統可能參選人紛紛提出各種國政方針。憲法乃是國家根本大法，憲政體制則是政治運作的基石，因此主要總統參選人針對憲政體制提出意見，應是天經地義理所當然。

　　綜合歸納幾位主要總統候選人的憲政改革意見，包括前總統馬英九，除了賴清德主張廢除考試院、監察院，五權架構，改為三權分立的憲政體制。其他則以中央政府體制核心議題，總統、行政院長、行政院、立法院等如何互動，各抒己見。

　　中央政府體制，司法機關獨立行使，行政、立法應是最核心的課題。世界各國民主政治發展，內閣制、總統制、半總統制、混合制，不一而足。但是主要類型仍然清楚易懂。秉持民意、權力、責任三者合一的原則，規劃設計中央政府體制。並隨著政治變遷、政治文化、憲政精神等，形塑自己國家的政府體制。中華民國台灣亦然，1947行憲迄今，隨著外在環境變化，數度重大的變革。

　　終止動員戡亂時期，廢除臨時條款，改以憲法增修條文，中央民意代表全面改選，廢除國民大會，總統直接民選，立委減半，行政院長直接由總統任免，立法委員同意權取消。行

政院、立法院的複議程序變更，修改憲法主體、程序大異其趣。目前運作的憲政體制，與立憲初期、1950-1996等，迥然不同。

總統民選甚少實施內閣制

　　總統由人民直接選舉產生，深具民意基礎，加上政黨政治因素，總統所屬政黨在立法院是否超過半數，總統即使沒有兼任該黨主席，其實仍是該黨實際領袖。柔性政黨、非內在政黨，民選總統的政治影響力必然首屈一指。但是在野政黨擁有國會席次，定期改選的制衡作用，民選總統如何自處，完全繫於智慧的判斷。總統民選甚少實施內閣制，因為民選總統不可能虛位。是否必然實施總統制，也非事實。

　　不少東歐國家，歐盟的愛爾蘭、奧地利，總統民選，仍然兼顧黨派、民意、專業，內閣權責不低。法國第五共和的半總統制，考慮最新民意、國民議會的政黨席次分配。政府體制本來就非一成不變，必然考慮外部一些因素，例如政黨、國會、民意等。

行政院長絕非有責無權

　　行政院長依據憲法，仍然掌握行政大權，絕非有責無權。即使不必由立法院行使同意權，民選總統為了順利推動政務，

爭取連任。一定會慎重選擇人選及篩選考慮要件（領導能力、國際觀、系統整合能力、政府部門歷練、接地氣等）。其他重要部會首長亦然，共同組成行動力、專業性內閣，領導常任文官，制定可長可久、超越黨派、符合全民福祉的公共政策。

　　總統是否兼任行政院長，立法委員是否兼任行政官員，中央政府體制是否調整為內閣制或完全的總統制，本來就是民主社會，實施多年憲政，大家累積經驗，各抒己見。但是即使不更迭現行憲法，總統民選的政府運作，並未有窒礙難行之處（即使有，也不構成政府失靈）。

14.政治現象的類型分析

國民黨、民進黨的不分區立委提名人選，均引起社會譁然，兩黨提名充滿派系角逐，缺乏理念，與不分區立委設計的原意背道而馳。為何如此，其實分析兩黨的體質，大致雷同，除了外部環境，拜單一選區兩票制之賜，政黨票門檻又設定百分之五。內部結構完全是剛性政黨，強調黨紀，決策模式非內在政黨（以國會黨籍議員組成黨團為政黨決策核心），而是外在政黨（黨團之外，另有決策核心）。

不分區立委提名模式，也非黨員民主參與模式，而是幹部決策模式（由中央委員會最後決定）。兩黨的其他重要公職提名方式，泰半採取全民調，也非黨員民主參與模式。欲了解政治現象，類型分析十分必要，所謂類型，不論單一類型或綜合類型，通常均經過科學的驗證，採取嚴謹的科學概念界定，將一些科學概念組成。對於錯綜複雜的政治現象，有高度描述、解釋，甚至預測的功能。

單一類型也被稱為理論類型，根據特定現象的特徵（通常數個）加以綜合歸納若干特質，由於無法完全符合經驗現象，有時候又稱為理念類型。著名社會學家韋伯對於理念類型有精闢的詮釋，他所提出的官僚體制的理論類型，流行數十年，對

於政府文官體制、大型企業組織，有不少令人省思之處。綜合類型雖然更加挑戰，但是描述、解釋及預測現象的功能更大，成為包括政治現象在內，各色各樣現象分析的重要理論工具。

科學研究以分類、比較為基礎，因為研究現象包羅萬象相互影響。侷限於特定對象容易掛一漏萬以偏概全。但是面對範圍廣泛的現象，首要之務如何化繁為簡，將性質相近者列為一類，以政治現象為例，包括國家體制、憲法架構、政黨政治、決策模式、人民政治心理、政治參與行為，甚至國會議員問政行為等，均有相關研究，加以分類、比較，累積政治現象研究的成果。

分類、比較有時僅指涉比較單純的現象，分類必須考慮分類標準，例如依性別、年齡、教育程度、職業等加以分類。根據分類，各類別之間的異同，尤其差異部分。統計方法提供不少類別差異分析技術。政治現象十之八九犬牙交錯，甚少僅用單一指標加以分類，通常採用數個指標予以分類。常見以兩大指標做成四個象限的類型，例如自由經濟與民主政治為指標，分類四種類型，再比較異同。

自由經濟、民主政治均是綜合性概念，非單一經驗內涵，視為單一指標，當然有所缺失。類型概念及類型分析在研究政治現象，重要性不言而喻，例如國家民主化程度，可能依定期選舉、治權分治、人民基本人權保障、司法獨立、地方自治等重要指標加以綜合分類。內閣制、總統制的分類指標亦然，兩者均是類型概念，兩種制度的探討，典型的類型分析。包括虛

位元首、責任內閣、內閣由多數黨國會議員組成、國會對內閣的不信任權、內閣解散國會權、內閣閣揆須由國會行使同意權等。

由於內閣制、總統制均是類型概念、使用類型分析，與實際政治體制，不可能完全脗合。國內討論此議題，必須先有此種認知，否則各說各話莫衷一是。最近有人討論單一國及聯邦制，也出現此種迷思。因為兩者也是類型概念，比較其中異同，分類指標務必明確。而且政治現象與類型概念不宜完全劃為等號。

台灣討論政治現象，不少流於主觀意識，人言言殊，加上刻意使用政治語言誇大渲染，因此理性討論的空間受到影響。從科學概念、分類比較，了解類型概念本質，類型分析意義。才能朝向更成熟穩定民主社會，提升人民政治知識，與主流國際社會接軌。

第二章

——

經濟社會

1.國際知識與世界觀的培育

　　美國在台協會與經濟部正式宣布五年台美人才雙向交流計畫。台積電創辦人張忠謀表示，在美國學到世界觀，是創辦台積電的資產。國民黨總統提名人韓國瑜日前也提出獎助大學以上學生出國交換，由於所費不貲，引起民進黨政府的批評。投資青年，加強國際交流，厚植國際知識，培育世界觀，重要性不言而喻。尤其在全球化、國際化、資訊化的時代。

　　美國係世界霸主，吸引各國人才流入美國，雖然近年對於移民設限，對於高階人力仍然樂於接納。不少國家人才外流，楚材晉用，特別全球化時代，高階人力的流動，司空見慣，也影響國家競爭力。美國長期扮演世界櫥窗，引導科技、文化、研發，聚集世界一流頂尖人力，在美國的確較易培育世界觀。不侷限讓美國更偉大的美國主義。除了美國之外，世界文明遍及各國，世界觀的孕育，美國留學、生活之外，仍然有不少國家。甚至網路科技社會，秀才不出國，仍知天下事。其實，有心就有力，個人、家庭、學校、政府，如果有系統規劃，可以培育自己、子女、學生、人民的世界觀。

　　世界觀係一種視野及價值觀，不侷限於一國之內，看問題以國際角度分析，了解全球發展狀況，不是井底之蛙。台積電

在台灣首屈一指,在全球半導體領先群倫,絕對世界之光,當然也是台灣之光。台灣是海島國家,也是海洋國家。海島國家受限土地,心胸有時不及廣闊大陸型國家。可是台灣兼有海洋國家性質,兼具不少國家累積文化,例如荷蘭、西班牙、日本。加上原住民、中國大陸移民、國民黨政府遷台半世紀中國式教育。近七十年與美國等西方國家的互動頻仍,台灣人民本來有機會培育豐富的世界觀。

可是從一些全球性調查,台灣人民及大學生,國際知識相對偏低,遑論國際觀的樹立。外交孤立,移民性格,島國文化等,應是主要原因。需求性而言,台灣是依賴國際貿易的國家,近七十年,不論代替進口、加工出口、技術升級半高階產品出口。台灣不少人民了解在國際經濟的角色,產業鏈的地位。對外投資、貿易等活動,孕育不低比例的人民,具備起碼國際知識,基本的世界觀。在全球化、網路化時代,年輕世代更容易出國觀光旅遊,打工留學。在國內透過網路輕鬆取得國際動態、相關國際知識。

可是為何與一些國家比較,出現國際知識偏低現象?外交孤立,比較沒有機會正式參與國際活動,相對剝奪感,久而久之成為自我孤立。學習英語,在台灣推動甚久,可惜流於考試、城鄉及階層差異,造成囿於語言工具,吸收國際知識打了折扣。功利取向流行,技術導向,從小世界地理、歷史,不受重視。國內媒體報導國際關係的比重,明顯偏低。國內政治討論,甚少以較廣博的國際觀申論,即使重要的政治人物。

　　十二國教以培養系統性思維、基本素養的國民為目標。除此之外，面對全球競爭，國際知識及世界觀不可或缺。網路社會存在數位落差問題，愈來愈M型社會，階層差異及社會流動緩慢，均值得警惕。強化國際知識與世界觀的培育，如何避免上述缺失，必須一併思考。

2.新生代的政治意向與政治參與

　　總統大選逐漸白熱化，兩個主要政黨候選人紛紛爭取新生代選民的支持。除了舉辦青年論壇，面對面與青年人討論問題，韓國瑜拋出政府補助大學生出國交換學習，引發蔡英文的批評，認為所費不貲，不切實際。

　　從各種民調顯示，新生代的政治意向與政治參與，的確值得正視，與其他世代迥異。以近日瀰漫亡國感（芒果乾）為例，高達四成新生代（20-35歲）有蔡英文如果落選，台灣前途岌岌可危的想法。其他世代此種危機感不及兩成。其他政治意向及政治參與，也有相似現象。很多國家、地區，新生代的動向，時常成為政治發展的重要變數。香港的反送中、時代革命，30歲以下新生代占了七成，其中不乏20歲以下的高中生。

　　科戮理論嘗試解析不同世代心理特質與外部行為的差異性。歷史作用及成長作用，普遍被採用，不同世代，共同的歷史經驗迥異，形成的心理特質有別。以台灣為例，35歲以下的新生代，沒有經過戒嚴等威權時代，成長過程，台灣已經完全民主自由。這些新生代的認知，民主自由人權，理所當然，也非常憂慮被剝奪。因此香港反送中爭民主，抗拒中國大陸威脅，極易引起台灣新世代的共鳴。民進黨的反中保台，得到不

少新世代支持。蔡英文辣台妹訴求，樂此不疲，不言而喻。

再者，成長作用也是主因，人的一生歷經各個階段，面對課題不一，生理心理發展有異。年輕時期理想壯志，中年的穩重，步入老年的自然而然。認知判斷、心理特質、行為模式，反映在政治、非政治等層次。以台灣前途、兩岸互動，攸關全民，但是新生代尤其顯著，因為未來歲月更漫長。新生代充滿不確定，職業、家庭、經濟狀況，與中年、老年人，大異其趣。形成不同世代特別的政治意向與政治參與，可想而知。相關的理論、研究、實證資料，不勝枚舉。

台灣在威權時代，也有一些學生運動，例如1970年代的保釣運動、鼓吹中央民意代表全面改選、爭取民主自由等。1990年代的中止老代表、校園民主等。近年來蓬勃發展，到了太陽花學運達到高潮，明顯影響政局變化。新生代政治意向，包括政治人格、政治價值取向、政治態度、政治意見，包括國內累積不少資料。政治參與亦然，而且實際作用，不可低估。無論規範性政治參與或比較激烈的抗爭性行為，全球抗爭性示威，新生代常扮演重要角色。

政治意向受到政治社會化、政治文化等影響，台灣的特殊國際環境，全球化、資訊化、網路發達。新世代的政治意向形塑、政治知識水平、各類型政治參與行為，發生變化。政治人物爭取選票，除了了解新生代的狀態，更宜分析事實，提出具體可行的方案。

3.政治現象的數字迷思

　　柯、郭、王是否結盟，喧騰多日，牽動2020總統大選，備受各界矚目。柯文哲與郭台銘於八月十八日會晤。雙方幕僚表示兩人有些共同特質，包括偏好以大數據分析包括政治現象在內的社會現象。一位物聯網、AI的傑出企業家，另一位以科學處理公共政策卓稱的首都市長。兩人的一舉一動受到關注，又有可能結盟角逐總統大位，當然引起正視。

　　運用大數據分析人類行為、現象，已經行之多年。拜電腦等科技之賜，演算技術一日千里，所得到的分類、傾向、趨勢，資料珍貴不言而喻。包括醫療行為、客製化消費行為等，運用大數據分析，國人耳熟能詳。至於運用大數據分析政治現象，雖然一般人民比較陌生，其實也廣泛運用，包括國內及不少民主先進國家。中國大陸的AI、5G領先，應用到政府統治的事實，也是眾所皆知。

　　大數據分析政治現象，跟政治現象如何使用量化技術分析，息息相關。1930年代美國政治科學研究倡議此起彼落。科學研究除了背後方法論基礎，也包括研究方法。方法論一元主義認為自然科學及社會科學雖然研究對象不同，但是背後的研究哲理、方法論基礎、科學主義原則相同。所謂科學主義包括

科學描述、解釋及預測,任何科學理論包括經由歸納法或演繹法所累積演變。科學理論必須具備可驗證性、複製性、經驗性等。

科學概念是科學理論的基石,科學概念必須具有經驗內涵,可以量化最佳。自然科學十之八九如此,社會科學之中,經濟學量化程度較高。例如經濟學常見的概念;效用、所得、消費函數、機會成本、無異曲線、國民所得、有效需求、所得分配、利率、匯率、加速原理、乘數效果、貨幣供給量、外匯存底、經濟景氣指標、進出口量、民間投資、貿易順差逆差、政府赤字預算、政府負債、平均成本、投資報酬率等。生產、消費、交易、分配,組成經濟現象的四大構面,幾乎概念的經驗意涵清楚,可以量化。

由科學概念發展成科學定律(通則),科學定律乃是科學概念彼此的恆久關係,通常經過驗證,自然科學經過實驗累積科學定律。一套相關的科學定律形成科學理論。包括萬有引力定律,愛因斯坦的E=MC2。社會科學的科學定律或通則,由於科學概念之間甚少恆久關係,通常只是概率或趨勢關聯,準定律、趨勢通則、概率通則等為主。社會統計各種相關(或關聯)分析,甚少正、負相關係數1。

經濟學達到準科學理論、定律,比較普及,例如凱因斯一般均衡理論,供需定律、無異曲線、消費函數理論、最佳抉擇理論、國民所得理論、加速原理、塞伊定律、乘數效果、貨幣寬鬆理論等。

　　相較之下，政治學量化程度及科學理論、定律，則有待充實，但是經過將近百年的累積，也成果豐碩。在國際政治、公共行政，不乏準理論、通則、定律，政治學理論亦然。例如寡頭定律、最小獲勝聯盟及大聯盟理論、滿意選擇理論、政治安定指標等。杭亭頓的第三波、轉變中社會的政治秩序、奧蒙的公民文化、伊士頓的政治系統理論、史耐德的公共政策決策模式、韋伯的官僚體制模式等，均是具有高度描述、解釋、預測功能的準定律、理論。

　　民意調查、政治心理量表，政治衝突等，係政治學採用較多量化數字的領域。政治經濟學、國際政治經濟學更是大量採用數學模式，不少學者獲得諾貝爾經濟學獎。例如博弈理論、理性抉擇理論等，起碼五位獲得殊榮。

　　政治現象甚難完全由數字描述、解釋、預測，不宜陷入迷思。但是政治學是一門科學，國人在民主政治之下，人人有言論自由，加上參政權普及，政治學的專業性，有時候受到忽略，當然政治學科學研究，量化技術，仍然有待加強，尤其台灣。

4.政治預測能力的詮釋

　　柯文哲市長籌組成立台灣民眾黨，部分民進黨籍市議員早在數月前預言，被視為神預測。柯是否與郭台銘合作？是否參選總統？答案應該不久即真相大白，可是在未正式宣布之前，大家揣測紛紛，考驗各方的政治預測能力。

　　政治事件不勝枚舉，重要的政治事件的未來可能發展，備受矚目，也引起政治學者、評論家、媒體、一般大眾的好奇。例如2020總統大選，儘管相關民調比比皆是，但是多數人民如置雲中，政治學者專家也不敢妄下判斷。政治事件依其性質有別，一般依期間、涉及當事人數、對於政治影響程度、可能影響的變數等，造成該政治事件的描述、解釋、預測的難易度有別。以往是否類似情事，有無相關理論學說，也攸關政治事件的描述、解釋及預測能力，尤其是解釋及預測。

　　政治是可能的藝術，意涵藝術及可能，藝術與科學無法劃上等號，可能又是種機率，表示沒有絕對性、必然性。因此政治事件的描述即使真相沒有掩飾，也可能各自解釋人言言殊，此種現象國內外皆然。既然各自解釋，無法形成相關通則定律理論。預測能力必然大打折扣，方法論科學解釋，包括解釋項與被解釋項，以政治事件為例，被解釋項即是該政治事件，解

釋項則細分相關的通則定律理論，政治事件的主要因果變化。

　　例如國安人員私菸案，被解釋項應該所有事實全部真實揭露，解釋項如前所述。為何政治事件的解釋有時候仁智互見，除了主事者個人主觀價值，未採取科學解釋模式，政治事件的事實未明朗，甚至遭到扭曲，也是重要因素。故而，發掘真相，真正描述政治事件，才能更進一步解釋、預測。

　　美國自1930年代，鼓吹政治行為主義，秉持科學一元主義，祭出政治科學的大旗，以科學方法研究政治現象，嘗試找尋相關通則定律理論。有助於政治事件的描述、解釋及預測。對於政府公共政策的制定，也助益匪淺，十之八九的公共政策，核心元素：民意、價值、專業。既有事實、未來可能變化、價值信念、民意趨勢，是每位理性的政府首長制定重大政策時，謹守的基本規範。未來可能變化、民意趨勢的掌握，均有賴相關的通則定律理論。

　　解釋與預測密切相關，解釋係自已經發生的事實加以說明，由果推溯因。預測則預估未來可能發生的事實，由因推斷可能的結果。預測模式也區分為被預測項及預測項，被預測項即是政治事件未來可能發展結果，例如柯文哲是否參選總統，2020總統大選的可能結果。預測項亦然，包括相關的通則定律理論。包括政治現象的社會事實，預測的難度大於解釋，因為缺乏普遍通則定律及一般理論之外，社會（政治）現象日新月異瞬息萬變，一些前所未有現象可能出現。

　　即使如此限制，政治科學發展將近100年，累積的通則定

律理論，普及全球，各國的政治領袖、幕僚幹部、專家學者，甚至媒體記者，有不少共同典範，影響力不可低估。台灣欲突破國際孤立，更應該加倍努力。可惜國內長期政治文化，不少人抱持不相信政治科學的心態，加上民主政治人人均可針對政治現象暢所欲言。政治事件的描述通常已經扭曲，遑論解釋及預測。

5.忘恩負義的政治詮釋

　　由於2020總統大選愈來愈接近，高潮迭起，可想而知。伴隨立委的選舉，一些新政黨紛紛設立，柯文哲市長催生的台灣民眾黨，陳水扁前總統擔任精神領袖的一邊一國行動黨。另有卸任縣長也有意組黨。民主政治結社自由，政黨也不例外，台灣目前曾經設立的政黨高達200個以上。

　　台灣民眾黨、一邊一國行動黨之所以受到矚目，除了領導人之外，具有一定程度的政治實力，在未來立委選舉，區域及不分區立委，均有可能斬獲。兩個新興政黨，尤其前者衝擊現有在立法院有不分區立委的四個政黨：國民黨、民進黨、親民黨、時代力量。後者對於民進黨、時代力量也有若干影響。台灣的政黨政治如同不少民主先進國家、威權轉型的新興民主國家，大同小異。政黨政治邁入新的里程，未來充滿變化及不確定性。

　　政黨之間，除了理念不同，訴求主題、策略、目標等有別，加上政府公職僧多粥少，透過平時的宣導，競選期間的公開拉攏選民。企盼取得一席之地，因為政黨的實力奠基在選民支持及公部門的席位。政黨政治發展，分分合合，除了政黨內部，黨員的流動、派系林立。政黨之間為了共同利益，合縱連

橫，例如組成聯合政府，或在重大議題結盟。

　　台灣的政黨政治發展，不及四十年，國民黨一黨專政久矣。民進黨及其前身的黨外政團結合反對國民黨的力量，包括倡導民主自由人權、台灣主權獨立、制憲建國、反對國民黨一黨專制（獨大）期待有制衡力量、主張大政府福利政策、反映勞工農民性別等多元聲音。由於組成逐漸多元化，加上兩次中央政府執政（2000-2008）、（2016-迄今）。主宰政府部門及資源分配，因此大綠與小綠之間、小綠彼此之間，均有剪不斷的糾纏。

　　忘恩負義通常出現在原先有些互動的兩造或三個以上主體。傾向綠營人士指責柯文哲市長忘恩負義。因為2014年台北市長選舉，民進黨依民調結果未提人選。全黨全力為柯助選。柯與民進黨漸行漸遠，甚至理念不同公然批評。但是仔細回顧，該年市長選舉，民進黨如果自行提名，當選機率微乎其微。所謂禮讓應該係本來既有東西，無償贈送其他人。去年市長選舉，民進黨及外圍所作所為，已經完全沒有指責柯市長忘恩負義的立場。

　　小綠之間，大綠及小綠，也出現相似現象。民進黨的發展、實力，大綠宗主不言而喻。台灣非國民黨勢力成長、多元民主社會、政黨政治本質、政治文化等因素，由大綠演化的小綠政黨林立。目前時代力量、基進黨、社民黨、綠黨等不一而足。最近成立喜樂島聯盟、一邊一國行動黨，均是如此。彼此的競合，出現小綠指責時代力量忘恩負義，尤其對於民進黨政

府不假辭色的黃國昌立委。

　　忘恩負義，在一般生活上係嚴厲指責，可是政治倫理或政治分析，卻甚少討論。因為政治本質是政治權力及社會價值的權威分配。透過合法途經，彼此競合，至於孰是孰非，交由人民判斷。

6.形塑參與共識型政治文化

　　柯文哲市長組成台灣民眾黨，宗旨以社會運動改變政治文化。柯一向主張改變台灣政治文化從首都做起。將近100年前的蔣渭水先生鼓吹台灣新文化運動，成立台灣民眾黨。兩者是否薪火相傳？或是異曲同工，視未來台灣民眾黨如何運作及發展。

　　政治文化如同文化，係有形的及若干無形的，無人否認文化、政治文化的存在，及無所不在的影響力。但是何謂文化、政治文化，卻人言言殊莫衷一是。有人歸納文化一詞的界定，即超過250種以上。1940年代末期，美國政府研究德國、日本的軍國威權政府，不少兩國的國民性格研究。1950美國成為民主國家霸主，新興國家紛紛獨立。區域研究、比較政治、比較政治文化的探討，一度成為顯學。

　　但是文化、政治文化仍然包羅萬象，經驗意涵不少，容易發生各自表述。以文化為例，民主國家，除了法國少數例外，甚少設立文化部，負責文化政策。因為文化指涉範圍廣泛。揆之歷史，設置文化部十之八九是威權國家，因為文化是一切政治掌握的根源，包括思想教育、意識型態的播種、文化活動的控制等。我國文化部也許類似民主法國，但是主管業務也是不

少民主國家所罕見。

　　政治文化只是文化的一部分，由於政治是眾人之事，民主政治定期選舉，保障自由權、平等權、參與權。因此政治文化十分值得正視，攸關政治運作的良窳，但是政治文化仍然是文化的一環，文化的本質必然左右政治文化。若干學者將文化視為一國之內，多數人心理特質的綜合，有其依據。包括人格、價值觀、態度等心理特質，雖然內隱，卻可以透過意見、行動，加以外顯。不少心理測試量表也可以發揮部分功能。

　　無可諱言，文化、政治文化，不侷限多數人心理特質的綜合，例如歷史文物、當代的藝術作品等有形東西，亦然。民主政治體制、憲法、定期選舉等，也是政治文化的具體呈現。為何民主政治以民主政治文化為基礎，例如美國民主以草根民主為基石。比較政治學者主要共識之一，制度與文化吻合，才能長治久安。威權國家、民主轉型、成熟民主國家，臣服性政治文化，逐漸形塑參與共識型政治文化。雖然近年來，認同危機、多元化社會，正挑戰傳統自由民主政治及市場經濟的政治文化。但是參與共識型政治文化，足以容忍接納異見，集思廣益開誠布公，比較可能形成共識。歐美民主先進國家即是顯例。

　　台灣由威權統治轉型民主政治，政治文化的形塑，是否已經成為參與共識型？沒有定論。國家認同的爭議、黨派利益的介入、民主政治文化根基不穩。近年來一些政治紛擾，理由何在？不言而喻。一切國家發展、民主政治步上軌道，仍待國人齊心協力共同努力，主要政黨、政治人物責無旁貸。

7.中心思想的政治解析

　　台灣一些政治人物喜歡批評不同意見者沒有中心思想，例如柯文哲常被綠營人士批評沒有中心思想，或是沒有價值。何謂中心思想？其實政治學沒有嚴謹定義，使用時務必小心謹慎。

　　中心思想在國內世俗用法，或許指涉固定的政治信仰，例如相信民主政治、自由平等，或是國家認同層次的統一、台灣獨立等。在戒嚴威權時代，思想有問題，當然不可能指涉精神層次有問題，而是政治不正確，違悖當時正統、主流政治意識。例如當時反共時代，推崇左派共產主義或社會主義，常被冠上思想有問題。

　　威權時代，三民主義及國父思想，分別在高中、大學列為必修。三民主義與國父思想不能劃為等號，因為後者範圍更廣泛。主義被稱為一種思想、信仰、力量。思想又只是主義的一項。其實政治學對於思想、主義皆有約定成俗的界定，但是缺乏共同的認定，尤其經驗內涵，因為兩者均是大概念，指涉範圍較大，容易人言言殊缺乏共識。

　　以思想為例，本來從心理學析之，人都有思想，思想應是比較系統性思維。例如邏輯性思考，理性的思維，或是經過教

育、社會化形成的一套思考模式。思想包括認知、感情及評價，反映在人格、價值觀、態度等心理特質。由測量或外在語言、行動等，可以推測。政治思想則是屬於政治範疇的思想，仍然是思想的部分，指涉政治人格、政治價值觀、政治態度。上述政治心理特質經由政治社會化及政治文化的薰陶而形成，固定之後，一段時間不會大幅調整。

所以中心思想應該指涉已經形成的政治心理特質，或許政治冷漠可能是一種政治心理特質，卻被視為沒有思想、中心思想。世俗的思想界定，具有價值判斷，沒有思想、中心思想，或多或少含沙射影，具有輕蔑指責的意思。沒有一定的信仰、價值觀等，缺乏思考能力等。只是世俗的思想、中心思想，與政治學界定差異不小，因為政治學，尤其政治心理學，將人視為均有政治心理特質，亦即均有政治思想，只是有些人比較具有系統思維，政治知識較多。

至於中心思想則是有特定政治人格、政治價值觀、政治態度。常見的政治人格量表，民主心態及權威人格。政治價值觀以政治現象核心基本的人權、自由權、統治權、平等權、參政權、受益權等價值取向為主。民主主義、自由主義、社會主義、共產主義、修正社會主義、修正自由主義等信仰，在政治學視為主要政治價值觀。政治態度針對特定政治現象的認知、評價之後的可能行動趨向。常見的政治態度包括政治信任感、公民責任感、政治功效意識、政治疏離感等。

十之八九人民有所謂中心思想，批評別人沒有中心思想，

與政治學的討論大異其趣。當然日常語言與建構語言，在社會
科學領域，彼此差異不勝枚舉，但是愈民主進步國家，差異愈
來愈少，期待台灣亦然。

8.民主自由可以當飯吃？

　　蔡英文總統日前表示民主自由可以當飯吃，理由在於民主自由，吸引高階人才來，大家願意來投資。包括郭台銘在內一些人士，曾經質疑民主可以當飯吃嗎？意指民進黨政府過度強調政治，忽略民生課題。

　　民主自由是否可以當飯吃？也許見仁見智眾說紛紜。乍聽之下，各自有理，的確民主自由並非實物，可以填飽肚皮。蔡英文的推論，也有若干道理。綜觀人類近四百年發展，民主自由與資本主義密不可分。古典自由主義強調自由，促進民主政治發展，認為自由是基本天賦人權，也是發揮個人潛能，達到整體理想目標。自由市場經濟，民主政治體制，提供人民自由環境及充分發揮才華的機會。

　　經過數百年的演變，古典自由主義已經修正，民主社會主義、新自由主義等。可是自由民主政治，保障人民自由，根本原則依在。只是政府角色，完全競爭市場經濟等，受到矚目討論，有不同的理論及政治團體崛起。民主政治與資本主義、經濟發展的探討，不勝枚舉。例如討論民主政治的經濟社會基礎，認為經濟發展到一定程度，中產階級崛起，教育普及，比較容易實施民主政治。全球新興民主國家，包括台灣，或多或

少有此種跡象。

可是中國大陸的發展模式，出現不同型態，中國大陸的經濟成長，宣稱自創社會主義模式，經過將近四十年開放，經濟成長有不錯成績，中產階級人數上升。可是中國大陸民主化腳步緩慢，甚至有逆退現象。以往，一些學者收集相關資料，發現民主先進國家，經濟發展也愈佳，平均國民所得較高。新興民主國家亦然，民主政治與經濟發展呈現高度正相關。也有學理表示質疑，例如一些民主國家，出現經濟危機，民主政治反而不利經濟成長。歐債國家的希臘、義大利、葡萄牙等均是。民主政治衍生的政治分贓、利益掛鉤，也被視為不利經濟發展。

計畫經濟、高度公有化，與自由市場經濟、普遍民營化，應是兩種類型。實際情況，界於兩者之間。一般而言，個人利益常常是創意、創新的動力，公有化的經濟效率不佳。公營企業民營化，政府組織精簡，民間可做，政府不做。全球化趨勢，更迫使不少國家，必須邁向民營化，政府不可肆意操控、補貼等。可是主權國家，彼此尊重，代表主權象徵的關稅，不論雙邊或多邊國際關係，仍然無法要求任一國家完全政治、經濟自由化。

民主自由間接促進經濟發展，可是不是全民享受。一些基層民眾每日為了三餐奔波，衣食足才能知榮辱。升斗小民汲汲營營，但求三餐溫飽，民主自由固然可貴，卻非生活一切。反而，民主政治孕育一批透過定期選舉，取得政府公職人員（包

括民選公職人員、任用的幹部、幕僚）。台灣情況有目共賭，政黨成為晉身政治的搖籃，出身民選、助理、政黨幹部比比皆是，特別民進黨。政治也是一種志業、專業，此種現象理所當然，不言而喻。

有些媒體戲稱，對於特定人士而言，民主自由可以當飯吃，十之八九的芸芸眾生則否，或許意有所指。知名政治學者拉斯威爾名言，個人利益與公共利益結合，就是不錯的政治人物。民主政治，政府有如最大型企業，政黨透過定期選舉，欲取得經營權。猶如公司治理、企業倫理，民主政治，有其運作規範，用人規則、財政紀律等不宜逾越。台灣的政府部門，包羅萬象，例如公營企業、行政、財團法人等，更使得民主體制提供更多人可以當飯吃。

9.政府不僅是國家機器

　　國民黨總統候選人韓國瑜形容包括蔡英文總統等一些民進黨公職人員白白胖胖，引起民進黨人的批評，認為不宜以身材做為人身攻擊。韓則表示他意有所指，若干民進黨人取得執政之後，吃香喝辣。政治酬庸集體分贓，備受批判，但是在非民主國家、民主國家，均屢見不鮮，只是型態有別。民進黨、國民黨在總統民選之後，類似情況不勝枚舉，尤其完全執政，更是有恃無恐，變本加厲。

　　政府有時被視為國家機器，非民主國家，中央集權，以黨領政，一條鞭貫徹到底。沒有中央、地方分權，行政、立法、司法也沒有分治相互制衡。人民不能定期選舉公職人員，也無法行使公民投票。執政者透過掌握政府部門，運用軍隊、情治等所謂國家機器，控制操縱人民。因此有些人將政府與國家機器劃為等號。其實民主國家，政府係由政治典則（包括法令規章、政治制度、政治文化等）及當局（各級領導人、幹部等）組成。亦即除了國家機器，包括操作國家機器的當局（人），以及有權決定當局及變更政治典則的人民。

　　政治現象，廣泛人民只能透過定期選舉，代議政治，影響執政黨及國家機器運作，實際作用可能不大。愈來愈多政治逆

退症候出現在民主國家,不論民主先進國家或新興民主國家,尤其後者。極端主義、民粹、少數壟斷、政治分贓、示威抗議迭起、人民不滿聲浪高漲等。以台灣為例,民進黨在2016完全執政之後,掌握國家機器,一些作為,與威權時期的國民黨政府大同小異。受到批評指責,卻大言不慚宣稱,國民黨主政時亦然。

透過政府公共資源,不顧財政紀律,利多政策大放送,缺乏專業評估,輕易宣布重大建設方案。明顯考慮選票,短視近利,國家未來付出不貲代價。國民黨留下特殊政府組織,龐大行政部門,總統、行政院,五權架構,行政院高達三十個以上部會。國營企業、政府掌控基金會、財團法人、國營企業轉投資子公司,表面已經民營仍然政府支配人事的企業。民主先進國家,政府改造,除了精簡行政組織,國營企業民營化,盤根錯節的國家機器,裁撤整併,委由民間部門。台灣不但踟躕不前,反而逆勢而行,變本加厲。

權力造成腐化,國民、民進兩黨輪替執政,嚐到甜頭,豈會自動放棄。民進黨近年更加猖狂,增設不少基金會、法人(財團及行政法人)。安置更多人力,將國家資源胡亂使用。國民黨早期黨政不分,黨庫通國庫,民進黨完全執政,還特別成立不當黨產處理、轉型正義等機關。抱持理想價值,以推動民主改革的政黨,應該適可而止。為了國家長治久安,早日改弦易轍。同樣地,以國家安全,中國大陸文攻武嚇,欲制定法律限制基本人權,也必須小心謹慎,絕不可重踏國民黨威權統

治的覆轍。

　　台灣民智已開，人民對於不公平政治現象，口誅筆伐。可是國家機器錯綜複雜，加上民主政治的本質缺失，令掌權者為所欲為。政府不僅是國家機器，猶如機器為人為操作，政府亦然。人民仍然可以扮演重要角色，好好督導國家機器的正常運作。

10.政治語言與科學概念的異同

蘇貞昌院長的魔鬼說，韓國瑜市長的白胖說，都引發不同陣營人士的抨擊。台灣的政治人物喜歡語不驚人誓不休，偏偏部分民眾也不排斥，因此政治語言充斥，各自解讀，樂此不疲。

當然此種現象，不是只有發生在台灣，包括民主先進國家，例如美國、英國等，也不勝枚舉。政治人物喜歡以庶民語言或自我創造，透過各式各樣媒介，吸引人民注意支持。政治傳播理論不乏實例，在科技發達的網路時代，更是千變萬化，令人眼花撩亂。

其實政治語言與政治科學奉行的科學概念，有不少相異之處。過度偏重政治語言，忽略政治科學的概念，後果不堪設想。包括在國際關係，國際政治有一套通用的政治科學概念，在學術界、外交界、重要國際媒體、非政府國際組織，廣泛使用。國內政治人物、一般民眾，如果不諳此概念，一昧令日常性政治語言流行，參與國際社會，困擾重重，而且國際知識必打折扣。

任何社會、學科，均有日常語言與建構語言之別。可是愈現代社會，愈進步的學科，日常語言與建構語言的差距愈小。

建構語言也許適用範圍不大，以菁英或學科相關人士為主。但是透過教育、傳播媒介，逐漸普及化。因為建構語言，有一套嚴謹建構程序，容易形成共識，不會如日常語言有些混淆，容易各說各話，引發爭執。國際接軌也是推動建構語言的目的之一。如同為了國際化，教導英文，使國人更容易了解國際關係。

日常語言淵源流長，但也有脈絡可循，例如說文解字以六種說明中國文字意義。目前網路流行語言，也是逐步漸進，百科全書、字典，納入詞彙，有其標準程序。約定成俗，文字定義，語言學等有深入探討。國人所認為科學的生命科學、自然科學，建構語言，一般人敬而遠之，但是十分尊重，不會說三道四。例如醫學專有名詞，植物、化學、天文等亦是。相較之下，除了經濟學之外，國人對於社會科學的建構語言，比較缺乏了解，也不以為然，政治科學即是顯例。

任何法律名詞，十之八九均有固定內涵，模糊不清的法律條文，備受批評。例如強行付委的中共代理人法，何謂中共代理人，如何取得共識，必然爭議不休。一例一休所以眾說紛紜，法律對於例、休，沒有明顯定義，日常語言亦然。包括政治科學在內的自然科學、生命科學、社會科學，科學概念是一切科學研究的基礎。尤其經驗性理論，任何科學概念，經驗內涵完整、彼此約定成俗，儘量可以量化。由科學概念之間的接連，發現科學定律，再系統化為科學理論。

國際政治、政治科學發展百年，有不少共同科學概念、定

律、理論,廣泛應用於國家政策、國際談判、合作。台灣落後許多,政治人物責無旁貸,以身作則努力彌補差距。不宜反而道而行,為了一己一私,胡亂發言。了解民意、掌握民情,不同情境使用政治語言,情有可諒,但是共同推動彌補政治語言與科學概念的差異,義無反顧。

11.政府高官應多搭乘大眾運輸

　　美食外送員之死，引起社會各界矚目，勞動部落實職安慢半拍，已經定調真雇傭、假承攬。交通事故頻仍，包括機車意外、大學生傷亡比例、老年人意外事件，觸目驚心。其他交通違規、酒醉駕車、交通壅塞、行人安全等，不勝枚舉。交通問題攸關人民身家性命，也是人民行的權利，政府維護人民行的安全，乃是基本義務。可是台灣交通百態，呈現政府效率不彰，人民素養等課題。

　　人民素養無法一朝一夕培育，透過規範、處罰、教育等，循序漸進。遵守交通規則，培養同理心，國外先進國家的經驗，一清二楚。台灣經濟社會發展，機車比例之高，世界罕見。對於交通影響至深且巨，相信行人印象猶深，機車騎士也非本衷。搶車道、時間，意外事件奪去不少寶貴生命。政府除了嚴格執法，相應措施有其必要。在政府服務期間，例如責成機車騎士一定要戴安全帽，重要路口顛峰時間淨空，警察及交通部門每天報告交通事故數目、原因、因應對策。政府部門也許功能有限，但是領導人的決心，有立竿見影的效果。

　　政府部門時常好大喜功，強調硬體交通建設，軟體部分反而受到忽略。硬體交通建設不可或缺，需要專業可行性評估、

成本效益分析等。可是台灣民主政治走偏之下,有些走火入魔,上至高鐵是否設站、南延屏東,下至里民道路等。民意代表壓力,執政者選舉考慮,許多華而不實交通建設,浪費公帑。真正人民所需的交通建設,反而曠日費時。交通壅塞、事故頻繁、違規行事不勝枚舉。

政治高官,尤其主管部門,當然有意好好處理交通問題,因為直接影響人民,人民需求、評價等直截了當。可是為何不少政策成效更佳,卻遲遲未能推動,除了上述政治壓力,政府高官缺乏臨場感,無法掌握實際狀況是主因之一。政府高官(例如中央政府各部會正副首長、三級機關首長)均配有專車、司機。其他高階官員即使沒有專車,也可以申請公務車。政府高官工作忙碌,為了趕場,有的加上安全考慮,搭乘公務車,本是無可厚非。但是上班時間如此,休息假日應該優先搭乘大眾運輸。上班日也可以擇日搭乘大眾運輸。台北市長柯文哲每日搭乘公車上班,值得肯定。

其實搭乘大眾運輸,對於個人益處良多,強迫自己走路到站。政府高官必須了解民意,搭乘大眾運輸民眾,各階層均有。可以多體會民情,有機會與人民直接溝通。掌握第一手交通狀況,有助交通政策規劃。至於高官安全顧慮,太多隨扈反而擾民,除了一兩位高層,其他沒有問題。台灣都市地區,自用車、機車比例偏高,以台北大都會區,大眾運輸四通八達,可以改善空間不小。

交通問題,不少有賴全民合作,但是政府決心魄力,扮演

主導角色，由小觀大，交通政策良否，除了攸關人民生活品質，也反映政府的效能。政府高官多搭乘大眾運輸，絕對有正面意義。

12.諾貝爾經濟學獎的省思

　　諾貝爾經濟學獎由三位美國籍教授獲得，他（她）們獲獎理由，提出緩解全球貧困問題的實驗性方法。使發展經濟學成為蓬勃發展的研究領域。夫妻檔的兩位麻省理工學院經濟學系教授在2011年出版窮人的經濟學：如何終結貧窮？頗受矚目。加上哈佛大學經濟學系共同得主教授，將貧窮問題拆解成教育、醫療等範圍更小且更精確的問題，讓貧窮問題更容易解決。

　　諾貝爾獎設立久遠，經濟學獎在1960年代末期才設置。物理、化學、醫學三獎項均是最基礎的科學。文學、和平兩獎各有特別意義，經濟學獎介於其中，有科學研究意義，也含有造福人類福祉的內涵。經濟學獎設置迄今半個世紀，得獎泰半美國教授，法國、英國等次之，亞洲、非洲等地區教授少之又少。女性教授亦然，此次年僅46歲法國出生的杜芙洛，打破年齡記錄，成為最年輕得主，也是第二位獲獎的女性。她的夫婿印度裔，也是經濟學獎比較罕見。

　　經濟學獎由於設置較遲，許多成就斐然的經濟學家，經濟學界稱列隊等待獲獎。早期獲獎者的確如此，不乏德高望重，甚至已經過逝追頒。經濟學發展迄今約二百五十年，亞當史密

斯1776年發表國富論，被視為經濟學的始祖。歷經古典自由主義、新古典經濟學、凱因斯學派、貨幣學派，以及新凱因斯經濟學、新貨幣經濟學等。加上左派經濟學，包括馬克斯理論、社會主義經濟學、修正社會主義經濟學。其他諸如世界體系理論、依賴理論，法國年鑑學派、維也納學派等。

　　經濟學係一門綜合科學及人文學的學科，美國有些大學經濟系設在理學院。台灣各大學分設在社會科學院或商學院。早期歐洲國家政治學、經濟學合成政治經濟學，處理政府角色、市場經濟。美國政治科學、經濟學早已分別發展，大量使用數學模式，一度成為美國及世界經濟學的主流，台灣也不例外。經濟學的確在科學研究、理論建構、計量方法，大幅領先其他社會科學。能夠與物理、化學、醫學，並列諾貝爾獎，不言而喻。

　　以往經濟學獎，芝加哥大學獨占鰲頭，芝加哥學派，除了佛利得曼的貨幣學派，海耶克的自由主義，另有不少創見。經濟學理性抉擇、交換行為，到集體利益等，建構有限政府、市場經濟、資訊不對稱、交易成本，集體利益等理論。獲得諾貝爾獎領先其他大學，自稱經濟學霸主，理論適用經濟行為及不少社會行為。政治學沒有諾貝爾獎，但是一些經濟學及政治學家，運用經濟學理論研究政治及行政現象而獲獎。例如博弈理論、最佳抉擇理論、交換理論等。

　　二十一世紀之後，經濟學獎更多元化，引入心理學、社會學理論而獲獎人數增加。以此次三位得獎者，採用田野研究，

量化資料與往昔經濟學者取自政府官方資料或自行計量方法有別。研究課題更加廣泛，從以往偏向總體經濟，應用研究也受到正視。其實人類行為，十之八九是經濟行為，古典主義稱政府是必要的惡，只是夜裡守門狗。凱因斯學派鼓吹政府角色，財政政策、貨幣政策、外貿政策等不可或缺。但是冥冥中看不見手引導市場經濟，政府功能效率等，仍然見仁見智。

13.漫談博士學位

　　蔡英文總統的博士學位爭議，引發大家對於博士學位的好奇，中國傳統官大學問大，學而優則仕，科舉制度淵源流長。因此台灣的歷屆總統、內閣，不少博士教授，表現良否，另一回事。其實政治人物是否擁有博士學位，沒有關聯，小英總統博士學位爭議，在於誠信問題。

　　美國大學林立，授予博士學位大學多如過江之鯽。取得博士學位，只是申請大學任教的基本要件。僧多粥少，博士後研究，稀鬆平常。可是美國歷任總統甚少博士，威爾遜總統係少數例外，美國總統法律學院出身比例不低（大學法律學院係研究所，授予學位JD，SJD，LLM、LLD，也有phD）。JD並非法律博士，如同醫學院畢業MD，不是醫學博士。

　　政府對於國內外博士，早有一套標準作業。外國博士均須駐外單位在博士證書核章。以美國大學博士為例，教育部列有認可大學清單，一般有志在美國大學取得學位的學生，申請就讀時，通常會事先了解。美國大學博士修習比較嚴謹，修習課程、學科測試、資格考試、博士學位論文口試等。相較之下，歐洲國家大學博士學位，比較著重博士論文。

　　博士學位授予，各國有別，年代變遷亦然。早期法國大學

有國家博士、校內博士、外籍生博士，修業要件不同。日本以前也有課程博士、論文博士之分，後者僅繳交博士論文。台灣早期只有國家博士（1982取消），大學博士論文口試及格，再送教育部另組學位委員會口試。作者1980台灣大學政治學研究所博士口試及格，隔年經教育部組成委員會口試及格，獲頒國家政治學博士。一年之後取消國家博士，成為台灣大學政治學研究所唯一國家政治學博士。

　　台灣最早成立的博士班，包括師大國文研究所，政大政治學研究所，經過二十年累積，作者博士證書381，亦即全國第381位國家博士，可知當時高度管控國家博士質量。經過將近四十年變化，台灣各大學授予博士學位，每年數千人，造成流浪博士，若干大學招生不足。有人表示，博士生成為教授們論文義務協同者。博士階段，可能是學術生涯高峰期，當然不同學科有別。歐美日本不少高齡教授著作等身，反而愈加真知卓見，尤其社會科學方面。

　　美國大學博士，十之八九授予PhD，哲學博士，因為哲學代表追求真理，經過系統化訓練，有能力以科學精神，方法論思辨，獨立探討問題，尋找問題因果關聯。方法論、研究方法，所以是博士基本要求，不言而喻。具備博士學位，反而更了解知識浩瀚，以謙虛務實原則探討問題。如果具有博士學位，又在大學任教一段時間，循序升等為正教授（所謂P）。應該更加理性嚴謹，不論從事學術研究或其他行業亦是。所謂博士內閣理應如此，否則意義不大。

　　博士訓練係相當專業，只見樹木不見林，時常用來批評長期自閉在象牙塔內學者專家。學者從政，台灣的比例已是世界名列前茅。學科有別，作者專攻政治經濟學（台灣大學經濟系畢業），有機會出任政府政務首長十多年。兼顧理論實務，除了自我期許，博士、大學教學研究，對於出任政府部門首長，制定公共政策，有所助益。

14.一位政治學國家博士抒言

　　蔡英文總統的博士論文風波愈演愈烈，蔡回應，學位是真的，博士論文假不了。問題卻是她的博士學位也受到質疑，沒有博士論文，豈有博士學位。至於她的博士論文今年六月補送倫敦政經學院，理由何在？論文格式等疑點重重，論文只限館內閱覽，不許影印、也不許引述內容。學術界人士對於借閱論文設下重重難關，違反常理。論文不許他人引用，匪夷所思。

　　蔡英文的博士學位事件，非始自今日，數年前曾經引起注意，但是不了了之。今年獨派人士再度掀起，緊追不捨，提出不少疑點。並且已有數位教授親赴英國圖書館翻閱論文，提出一些問題。蔡提告反擊，希望選舉期間，不是無中生有、抹黑。行政院長蘇貞昌、民進黨主席卓榮泰也紛紛發言，指責國民黨有所謂黑英計畫，是種政治鬧劇，不要玩火自傷。兩人護主心切，但是似乎名實不符，今年首先發難，目前依然持續追究係本土人士，國民黨中途加入，可想而知。

　　由於博士風波，涉及個人誠信，身為國家領導人，更攸關國家形象。博士論文是否抄襲，已經可能引起軒然大波。政治人物、學術人士因此鞠躬下台、追究責任，國內外不勝枚舉。蔡英文事件，不僅博士論文抄襲問題，而是是否撰寫博士論

文、正式通過、取得博士學位。並以博士學位獲得政治大學副
教授聘用，往後教授升等，連帶有關。她從政生涯，與是否有
博士學位，沒有直接影響，但是目前高居國家元首，如果博士
事件無法釐清，後果不堪設想。

倫敦政治經濟學院，是名聞全球的大學，1930年代之後，
由著名學者拉斯基主持，他是工黨理論家，民主社會主義理論
奠基者之一。該校培育不少亞非國家政治領袖，例如倡導第三
世界的迦納總統恩克魯瑪。1980該校教授倡導第三條路，工黨
布萊爾大聲疾呼，打破保守黨柴契爾夫人的長期執政。該校併
入倫敦大學，依然在英國有一席之地。此歷史攸久，享譽國
際，尤其在政治經濟領域領先的大學，欲證明該校博士學位真
偽，應是輕而易舉。

再者，一位號稱有博士學位者，欲自我證明有博士學位，
一點也不困難，而且責無旁貸。特別總統大選，又是現任總
統，光明正大向全國人民揭露相關文件、論文。也許各國、各
大學授予博士學位要求不同，但是一定水平之上的英美日及歐
洲、國內大學，大同小異。有些修習課程要求不同，但是博士
論文一定列為必要條件。博士論文格式、學位委員會、博士證
書，均清楚易明。博士論文是否一定送給圖書館展閱，隨著數
位時代，提供線上查詢、下載，或許不能一概而論，但是已經
成為通例。

台灣博士學位，近二十年大增，但是比例佔全部人口，微
乎又微。又涉及其他國家、35年前的事實，是否複雜一些？其

實不然。近日不少有博士學位的政治人物、學術界人士，紛紛發言，並公佈博士論文。

　　一般人經過千辛萬苦獲得博士學位，除了依規定繳交博士論文，十之八九會自己保留若干本博士論文，送給親朋好友表達謝意，一起分享。也許事隔35年，有人作風與眾迥異。否則提出博士論文、博士證書，並不困難。尤其攸關國家元首的誠信，可能左右總統大選事件。如何明智抉擇，呼之欲出。

15.JD與MD的澄清

我在即時論壇刊登博士學位面面觀,楊鵬生先生以專文指教。本來不予回應,但是JD、MD在教育部及國內醫學院、法律學院均已有定論。作者擔任大學教授及考選部長,也曾經處理此一議題,稍作補充。

美國大學法律教育及醫學教育,均是大學之後。可以視為學士後研究院課程,與台灣迥異。台灣法律及醫學教育,均自大學學士課程,修習時間有別,法律4年(東吳大學曾經5年),醫學7年。醫學教育另有學士後體系,4年。畢業之後,均授予學士。美國法學院性質不一,JD通常3年,以參加律師考試,實務取向。如果研究比較法學、法理學等,則授予SJD,LLD。也有phD。

國內以往將取得美國大學JD,不比照SJD、LLD或phD。不能直接聘為助理教授,更久之前phD可以直接聘為副教授。JD不可以。曾經特別解釋,有碩士學位(美國大學通常授予MS或MA)少數學科MBA或MSW等。又有JD,特別核可比照phD。作者在考選部長任內,曾經與教育部合作,欲推動法律教育改革,逐步採用美國法律學院模式,律師、司法官考試採取兩階段性,可惜未能成功。

　　MD部分，國內醫學界早有共識。台灣醫學教育，七年畢業，或學士後醫學教育，前後八年，均授予醫學士。如果比照美國醫學院教育，大學4年，加上醫學院3-4年，畢業統稱MD，視為醫學博士。台灣醫學院畢業，不論理論或臨床，即使直攻博士，均要七年醫學院，加上數年碩士、博士訓練及學位。一些醫學院畢業，在國外（包括美國）從事醫學相關研究，取得phD。

　　MD、JD，跟phD本來就有別。台灣依漢字將Doctor翻譯為博士。醫生英文也是doctor。MD、JD在美國稀鬆平常，以英文稱之，不會有譯文爭議，在台灣性質迥異。美國教育博士ED，亦然，與PhD有別。但是攻讀教育學院，也可能取得ED或PhD。

　　博士只是學習結果的認證。中文博士一詞，史書可以查證，英文doctor亦然。陷入爭議，意義不大，僅作必要釐清。

16.福利、保險、救助不宜混為一談

　　民進黨政府在總統、立委大選之前，大放政策利多，除了錢從哪裡來，破壞財政紀律，債留子孫。將社會福利、保險、救助，混為一談，政策捉襟見肘，亂了分寸。以老農津貼為例，除了明年起每月調高至七七五〇元，一度欲與年金制度結合，福利津貼與保險制度格格不入，本質大異其趣。

　　其他補助長期照顧使用者費用，每年最高六萬元，為了普及負擔更重的安養機構長者，兩個性質迥異的制度，也發生彼此無法整合問題。究其原因，民進黨政府將長照與長照保險合一，前者兼具福利及救助性質，後者係保險意含。蔡英文政府非常自豪長期照顧政策成果斐然。台灣面對老人化社會，長期照顧課題，的確與每個人息息相關。長期照顧補助，究竟福利暨補助（部分排富規定），還是參酌全民健保精神，融入保險概念，仁智互見。

　　民進黨政府將長期照顧與長照保險脫鉤，人民一時之間，減輕負擔，尤其年輕健壯者，但是終非長久之計。仰賴特定稅捐，衍生一些弊端（包括國安人員走私菸）。衛生福利部計畫擴充補助安養機構長者，又因為預算限制，僅承諾數年。部長還大言不慚表示，如果屆時民進黨繼續執政，補助政策可以持

續。台灣全民健保，有口皆碑，長照保險實施，相較之下，簡易許多。多與抗拒者溝通，不必完全由政府主導經營，部分業務開放民間經營，國外實例，國內保險業蓬勃發展，駕輕就熟。

政府的角色及任務，除了提供公共財，例如國家安全、社會秩序、公共安全、基礎建設、基本教育等。若干社會福利、社會保險、社會救助，也不可或缺。社會福利與社會救助，有些模糊不清，例如除了台北市以中低收入爲對象，其他各縣市均發的重陽敬老津貼，係福利性質，台北市則含有救助性質。人口問題，少子化已經構成國安危機，育兒津貼，幼兒教育補助，若干排富規定，但是福利成份，高於救助意義。

可是福利、救助仍然大相逕庭，政府優先實施救助，行有餘力，再執行有計畫性福利措施。介於福利、救助的模糊地帶，所謂補助制度取而代之，消費券、全民紅利、特定對象的補助（貼），例如單身青年租金補貼。秋冬國旅補助，非常態性，鼓勵人民消費，緩和業者壓力，對一般人民是種福利，對於業者又有間接補助。但天下沒有白吃午餐，羊毛出在羊身上，有良知的政府決策者（包括行政首長、民意代表）不能爲了選舉，討好民衆，漫天開價，濫用國家資源，更將基本制度破壞無遺。

歷史的包袱，台灣各類型社會福利、救助、保險，紊亂無章，經過數十年整頓合併，仍然有些尚待改革之處。軍公教退休制度，改革衍生抗議迭起，是否違反法理。財務危機的勞

退，茲事體大，遲遲不敢大變革，名實不符的國民年金制度。保險多頭馬車現象亦然，相關整合研究方案不勝枚舉，例如年金制度整合，區分基礎年金、職業年金、商業年金（目前勞退部分採用）。其他猶待政府魄力決心。

　　社會福利、保險、救助，務必釐清，不宜混為一談。另立明目，補助、補貼喧賓奪主。難怪一些政治人物皆大歡喜，肆無忌憚大放政策利多。人民也因短暫甜頭，任這些變相措施大行其道。全民應該自覺，敦促政治人物適可而止，專業的文官、學者專家，打破沉默，理性疾呼。

17.國政顧問團職司何事

　　由張善政領軍的國民黨總統候選人韓國瑜國政顧問團，成員是否遭清算？藍綠互槓，蔡英文競選辦公室批移動式假新聞，張善政嗆：「請來告我。」事實真相只有一種。令人好奇的是，國政顧問團職司何事，成員角色功能，有如此的能耐，否則竟然發生此種情事？

　　記憶所及，總統大選設置國政顧問團，以2000陳水扁競選總統時為典型。由李遠哲領軍，祭出向上提升，向下沈淪的口號，對於選情有些影響。其實除了國政顧問團，陳水扁另設國政藍圖委員會，由數百位學者專家、政務官組成，提出洋洋灑灑二十多本國政白皮書。由於當年民進黨未曾在中央政府執政，為了證明有執政能力及施政藍圖，成立國政藍圖委員會，發表國政白皮書，有其象徵性作用。除此之外，又由國政顧問團背書，也有加持功能。

　　往後，在野政黨角逐總統大位，均成立國政顧問團，提出國政白皮書，例如2008的馬英九，2012、2016的蔡英文。有些人認為國政顧問團、國政白皮書，功能不必過度正視。因為選民不以為然，總統候選人不一定重視，媒體興趣缺缺。而且白皮書內容通常千篇一律，缺乏創意。但是如果有些瑕疵，立

即被大作文章，賠了夫人又折兵。雖然事實八九不離十，仍然應該鼓勵各主要政黨及候選人設置國政顧問團，提出國政白皮書，向人民承諾未來的執政團隊及政策方針。

爭取連任的執政黨，過去施政表現，選民一清二楚，執政團隊能力良否，已經見真章。但是仍然需要向選民說明未來施政重心，檢討往昔策勵來茲。此次總統大選，執政的民進黨捨本逐末，以抗中保台為競選主軸，令人嘖嘖稱奇。執政不力，挾習近平一國兩制談話，香港反送中運動，掀起芒果乾恐懼牌，絕非堂堂執政黨所應為。另外撒錢拉票，置國家財政紀律於不顧，令人引以為憂，唯賴理智選民以選票抒發己見。在野黨的角色功能，相形之下，重要性不言而喻。

國民黨在2000失掉總統大選，泛藍在立法院仍然多數，尚未淪為完全在野黨，2016才首次扮演在野黨。國民黨長期執政，有一套人才培育制度，又有智庫，可是近年來表現欠佳。韓國瑜的崛起，瓦解傳統國民黨運作模式。張善政領軍的國政顧問團，成員結構仍以馬英九總統任內的政務官為主，雖不乏執政歷練，但是如何與韓國瑜及其競選幹部整合，應是一大考驗。站在國家發展、人民福祉的立場，仍然期待最大在野黨，在國家多事之秋，提出治國良策。

由柯文哲、郭台銘、王金平等組成的第三勢力，如何提出有別於國民、民進兩黨的施政願景、國家發展策略，不少人也引頸企盼。以往總統大選流於著墨候選人事務，國政議題鮮少

受到重視。國政顧問團流於形式，只是框架櫥窗，希望此次總
統大選突破傳統，另有一番氣象。

18.國發會社會發展處的角色功能

　　台大校長管中閔以任職行政院政務委員、經建會主委、國家發展委員會（以下簡稱國發會）主委期間，在媒體匿名撰寫社論，被認除了違法兼職，又違背行政倫理，因為文章批評長官、同僚等。對於公務員懲戒委員會決定，不予置評，只針對國發會角色，特別所屬社會發展處的角色功能，略抒己見。

　　國發會係由行政院經濟建設委員會及行政院研究發展考核委員會合併。當初合併理由，除了配合政府組織改造，精簡部會，主要考慮行政院政策規劃、考核機關統合。行政院經濟建設委員會（簡稱經建會），負責經濟建設計畫及考核，但是長期以來著重計畫，考核部分不少由行政院研究發展考核委員會（簡稱研考會）負責。研考會負責社會發展類計畫，以及重大政策的考核。因應業務擴大，電子化政府、檔案管理、地方政府協調等，也陸續由該會主導。

　　研考會另一重要任務，負責行政院組織改造，為了以身作則，研考會與經建會合併，其他裁併機關（例如體委會、行政院新聞局等）異議聲音降低。由於經建會、研考會本來業務均相當繁重，2015正式合併成為國發會，社會期待頗高。可惜2015迄今，政黨輪替，行政院長數度易人，國發會主委也幾度

迭人。國發會角色定位十分清楚,內部人才濟濟,如果整合成功,必然發揮1加1大於2的綜合效果。可惜,似乎距離理想,仍有不少待改進之處。

國發會形式上由經建會、研考會合併,實際上國發會組織架構,以經建會為主。原先研考會核心任務:電子化政府、管制考核、檔案管理,變動較小。原先研考會兩個主要業務:研究發展、綜合計畫,合併為社會發展處,功能打些折扣。本來事在人為,如果國發會首長了解來龍去脈,讓社會發展處發揮功能,仍然可有一番作為。同理:由兩會管制考核處合併的管制考核處,如果綜合效果擴大化,目前出現的政府若干弊端,可以防範未然或貫徹既定執行。

行政院業務類別分屬科技類、經建類、社會發展類。科技部(國家科學發展委員會改制)負責執行,行政院科技會報負責科技政策、預算,有些疊床架屋。原屬經建會、研考會負責的經建中、長計畫,社會發展中、長程計畫,攸關政府中、長程發展。預算的編列,國發會統其成,責任更為重大。任何國發會首長唯有重視包括社會發展處的專業能力,才可能勝任,完成總統、行政院長的託付,有效整合各部會意見。計畫完整、有效執行,一套嚴謹的政策執行績效評估。政府才能長治久安,效能提升,增加國家競爭力,符合人民需求。

國發會顧名思義,國家發展的總設計師,國發會主委,以匿名方式在媒體批評長官。除了行政倫理之外,更凸顯政府內

部問題叢生，但願此種現象，只是一時的插曲，而非常態。與
所有從政人員共勉。

19.由諾貝爾和平獎得主談執政魄力

　　今年諾貝爾和平獎頒給衣索比亞總理艾比伊，以表彰他推動和平及國際合作的貢獻，並積極推動國內民主化改革。年僅43歲的艾比伊就任總理一年六個月，卻成就非凡，凸顯執政魄力的重要性。

　　艾比亞被視為非洲政治領袖之中，僅次於南非曼德拉的傳奇人物。去年和鄰國厄利垂亞簽訂和平協議，結束多年的邊界衝突。厄利垂亞獨立建國的桑滄，全球矚目，犧牲不少寶貴生命。衣索比亞係非洲人口超過上憶的大國。處理分離獨立建國，從武力鎮壓、軍事衝突到簽訂和平協議，歷經二十多年。諾貝爾委員會也讚揚厄利垂亞總統伊薩亞斯，表示和平絕不會只因為單方行動而開花結果。可是強勢一方的泱泱大度扮演重要角色。

　　艾比亞也協助東非多國進行和平調解，包括蘇丹、肯亞、索馬利亞。積極推動國內民主化，則是艾氏獲獎另一重要原因。他陸續特赦逾萬名政治犯，實施一連串政治與經濟改革，包括成立委員會研議憲法中種族聯邦體制造成的分裂（該國有非常多樣的種族、語言，基督教、伊斯蘭教並行）。並積極推動國營企業民營化，承諾舉行自由、公平的選舉，強化國家的

民主體質。年僅四十三歲，資訊軍官出身，異議人士批評他的改革步調太快，曾經遭到暗殺，但是他毫不畏懼，勇往直前。

古今中外，改革者面對的壓力大同小異，人民支持、長官同仁扶助，乃是成功與否的因素。但是個人的執政魄力，重要性不言而喻。民主國家、威權國家，執政者權力來源、期限、分權制衡有別。一般而言威權政治領袖比較容易為所欲為，例如蔣經國的行政革新、十大建設。威權體制之下的政府首長也是如此，例如李國鼎、孫運璿等，任行政院長或重要部會首長的表現。李登輝結束威權統治，展開台灣民主新頁，處於威權轉型民主階段，個人智慧、魄力等不可或缺。

民主國家的政治領袖，例如邱吉爾、羅斯福等，除了處在特別時空環境，執政魄力十分突出，才能有新政、帶領美國、英國完成擊敗納粹、日本的成績。美國戰後總統，雷根的新保守主義、柯林頓、歐巴馬的強烈福利色彩，均有若干政績。英國的柴契爾夫人、布萊爾揭櫫第三路線。德國的梅克爾、法國的馬克宏，也均是有理念、魄力的政治領袖。非完全民主國家的馬來西亞馬哈迪、新加坡的李光耀亦然。

陳水扁在台北市長任內有若干有目共睹的政績。國政、市政不能等量齊觀，總統表現相對失色。馬、蔡表現，歷史及人民自有公評，施政魄力繫於決心、無私、胸襟、能力。領導力更不可或缺，識人之明，用人唯才，組成一流治理團隊，適才適所，勇於承擔展現決心。蔡領導現在政府，有待檢討加強之處不勝枚舉，其中最須改進，應是執政魄力及治理團隊素質。

　　任何一流執政團隊，勇敢面對現實，理性規劃找出對策，不宜推諉卸責。例如被批評政治酬庸惡化、政策利多大放送，馬上辯駁國民黨政府也是如此。外交失利、喪失邦交國、在野黨批評兩岸互動不佳，立即辯稱都是中國大陸造成。缺乏自省能力，只有負面操作，例如反中保台，製造亡國感（芒果乾）氣氛，似乎忘掉自己完全執政。沒有自信心，執政魄力不足，或成為有勇無謀，乃是目前施政的隱憂。

20.民意與民意調查的省思

　　韓國瑜呼籲支持者不要回答相關民意調查,甚至反其道而行,刻意回答唯一支持蔡英文,是否可行,引發爭議。民意如流水?去年九合一選舉,民進黨重大挫敗,韓國瑜旋風不能抵擋。一年之後,似乎翻轉,蔡英文領先韓國瑜一段距離。民意、以科學方法施測民意的民意調查,究竟本質何在?頗值深思探討。

　　民意是一個特定區域(可能國家、特定地域)人民針對特定問題的判斷,及其分布狀況。當判斷分布集中於某一方向,達到一定程度,也許可以視為多數民意。因此民意是變動的,社會科學研究著重時間序列的分析,如果多數民意在一段時間,變化不大,此種民意更值得參考。其實民意背後受到每個人政治人格、政治價值、政治態度的影響。民意只是綜合個人上述政治心理特質,針對特定議題的口頭表達支持或反對。民意所以值得正視,除了民主政治係民意政治,民意有如流水,可以載舟覆舟。

　　此外,由民意可以推測個人可能的政治行為,包括平時的政治參與行為及選舉時的投票行為。政府科學針對政治意見,影響政治意見的政治人格、政治價值、政治態度等政治心理特

質。以及影響這些政治心理特質形成、改變的政治社會化、政治文化，均有完整的研究。同時進行縱向（長期）及橫向（跨國度、跨文化）的比較分析，累積的研究成果，構成一些值得參考的理論、定律。

台灣以選民投票行為最受矚目，因為預估選舉可能結果，作為選舉的策略規劃，甚至有些人作為選舉工具，混淆視聽。由於選民投票仍然有若干所謂理性考慮，例如無法勝選的候選人，支持選民愈少，因為原本欲支持的選民，自己認為等於投下廢票。有關選民投票行為的詮釋，不少派別，其中理性抉擇理論以機會成本概念，解釋為何選舉兩大主要政黨獲票偏高（與選舉制度息息相連），頗具創意。

選舉是民主政治的必要條件，當然最受正視。可是選民投票行為，包括是否投票、決定過程、支持對象及理由。與平時的民意及民意調查密不可分，這些信度、效度俱佳的民意調查，包括政黨支持度、重大政策的評估、主要政治人物的評價、國內外重大問題的民眾評價等。這些非選舉時期的民意左右未來選舉的投票結果，而且公共政策應該以民意為依歸。人民需求、公共政策制定，構成民主制度的基礎。公共政策除了專業、價值，民意不可或缺。

民意調查係採用科學方法，實際掌握民意的方向（包括分布及變化），前提符合科學方法，以及受測者據實以答。台灣已經民智漸開，言論自由，民意調查的環境尚可。民意調查主要機構包括學術團體、大眾媒體、政府、主要政黨等。也有一

些專業的民調公司，自由市場機制，如果公信力不佳，自然遭到淘汰。學術界有關民意、政治心理特質等研究，深度、廣度、理論基礎、研究方法，均值得一般民調公司、政府、主要政黨的參考。

第三章

――

國際關係

1.香港時代革命的政經解析

　　香港政府修改逃犯條例所掀起的反送中運動，經過一百多天的發展，超出國際人士的想像，由反送中到五大訴求缺一不可。連續多日在世界三大金融中心之一的城市，警民對峙，街頭抗爭迭起。中國大陸視為動機不良的黑色暴動，不少香港人民，尤其年輕世代，則認為是種心靈洗滌的時代革命。

　　台灣、香港雖然若干相異之處，但是同樣面對中國大陸一國兩制，因此不少台灣人民唇齒相依，對於香港局勢十分注意。若干團體發起大型街頭遊行，已經有三所大學，發生大陸生、香港生衝突事件。民進黨政府表示關心但不介入，香港的時代革命方興未艾，如何發展，任何人也無法完全掌握。一百多天的戲劇性發展，的確使蔡英文民調回升不少（當然還有其他原因，特別是韓國瑜支持度下降）。

　　香港雖然角色已經不如往昔，但是重要性依在，中國大陸不希望大幅改變現狀。1997之後，香港政治經濟社會均逐漸改變，一國兩制，基本法架構之下，香港是特別行政區，中國大陸是中央政府。立法局、行政特首，不開放全面民選，原有自由人權也日益縮小。此次五大訴求之一，全面普選，中國政府讓步的機率不高。

　　香港本是多元社會，民主派、建制派並存，政黨林立，雖然民主派近年在區議會、立法局選舉頗有斬獲，但是礙於體制，內部意見分歧，實際影響力仍待充實。此次反送中到時代革命，民主派雖然仍扮演重要角色，但是網路社會、香港的社會經濟問題，此次參與抗爭者，已非民主派所能掌控。為何出現頻繁的街頭抗爭，與警察衝突升高。本來標榜理性、和平、非暴力，到最後有人喊出不惜玉石俱焚。香港政府及其背後中國大陸不妥協讓步，長期警民對峙，彼此失去耐心等，香港社會經濟的量變質變亦是主因。

　　中國大陸變化甚巨，上海、深圳，珠江灣區計畫等，雖然不能完全取代香港角色。但是式微的香港，中國人民、交通建設、政治勢力，引發香港的經濟社會變遷。香港人民平均國民所得高達五萬美金，但是房屋大幅上漲，年輕人基本所得近年調整有限。加上中國大陸人民在香港大量觀光採購，香港人民嚐到不少苦頭。政治經濟社會因素種下抗爭因子，占中雨傘運動等，均是顯例。

　　台灣的太陽花運動或多或少有些示範作用，台灣香港民主人士近年也有些交流。可是香港十分特別，英國殖民統治時，有不低的自由權，參政權則相當有限。與中國大陸隣近，交流互動頻繁，九七之後更加如此。中國大陸以一國兩制作為台灣統戰策略，經過多年變化，已然變質。習近平今年初倡導一國兩制台灣方案，香港變化或許對於台灣人民有些影響。但是中國直接文攻武嚇威脅利誘台灣，多數台灣人民不會因為香港是

否成功一國兩制，而接受一國兩制台灣方案。

　　美國等國際因素對香港政局也有若干影響力，連續百日以上的香港時代革命，未來發展尚未明朗。台灣總統大選在即，任何政治人物、政黨，以蒼生為念，不宜肆意挑動情緒。包括國人支持香港人民爭取權益之際，理性務實看待。

2.誰是中共代理人

　　國民黨主席吳敦義說蔡英文總統是中共最大代理人，因為蔡推動台灣獨立，引發中共武力犯台藉口。民進黨發言人表示不了解吳主席什麼神邏輯？立法院9月17日開議，民進黨立法院黨團表示優先完成中共代理人法，國民黨團則表示全力杯葛。

　　繼國安五法之後，民進黨欲制定中共代理人法，規範制裁中共代理人的活動。近期爭執不休，民進黨也調整若干內容，否則事涉重大，引發人民恐懼。中國大陸對於台灣的文攻武嚇，兩岸力量懸殊，民進黨政府兩岸互動更加嚴峻。中國大陸一國兩制、不放棄武力犯台等既定原則，的確對於台灣構成威脅。只是自1950迄今，基本狀況沒有太多改變，中國大陸、美國、台灣微妙三角互動，隨著美國中國策略，台灣中國內部變化及互動型態，美國對於台灣的態度等，兩岸互動始終充滿變化。台灣人民及政府唯有運用智慧，共同維護民主自由主權，並且務實化解危機，尋求國家經濟社會發展。

　　可惜，台灣若干人士反其道而行，利用中國大陸威脅做為鞏固政治權力的藉口。1950-1980，國民黨威權統治，長期戒嚴、實施動員戡亂、國會不全面改選，總統不開放民選。黨禁

報禁，沒有言論自由、結社自由，實施恐嚇政策，白色恐怖，製造冤獄。政治異議人士，以匪諜、台獨，遭到逮捕迫害。民進黨前輩黨外人士，對於促進台灣民主自由，有目共睹。2016完全執政之後，積極展開促進轉型正義、追討不當黨產，均是正確作法。可是立法原則不宜逾越基本法律原理，實施手段稍稍講究。

國家安全與基本人權如何兼顧，並取得平衡，本來就有賴國人、主要政黨開誠布公集思廣益。國人二元思維，政客投機取巧，重踏覆轍。少數人利用危機擴大權力，置國家危機加深，藉機限制人民權利。台灣在國民黨威權統治的事實，殷鑑不遠，相信以追求民主人權為職志的民進黨領導人不致如此。但是中共代理人法如果立法不當，對於人民免於恐懼自由，台商等限制，均不可不慎。

所謂代理人，法有明訂，例如法定代理人。學理上也有主顧及代理人理論，民主國家的民選官員，大型上市公司，經股東大會推選的董事會及董事會同意的CEO等，均是代理人。美國遊說法規範國內外委任代理人（包括公司）向美國聯邦機構（行政、立法為主）遊說，必須登錄、報告一些資訊（例如受誰委託、內容、經費、向哪些部門、個人遊說）。外國政府、團體有些不能委託，有些則更必須資訊揭露。澳大利亞針對外國政府、組織的影響國內事務，也有專門立法。

國內主張中共代理人立法者，引用美國、澳大利亞先例，但是有些人未掌握重點，或先入為主，因此爭議迭起。誰是中

共代理人,規範哪些活動,哪些應該資訊揭露,哪些活動可以法律制裁。「匪諜就在你身邊,保密防諜人人有責」,也許對1980以後世代,十分陌生。但是口口聲聲中共代理人,同樣給人感覺時光倒流。

3.美中對抗與台灣價值

　　美國參議院院會及眾議院外交委員會分別通過台北法案，支持台灣參與國際組織，避免邦交國與台灣斷交。美國副總統彭斯、國務卿龐皮歐也分別發表美中關係，以及肯定台灣民主自由的談話。

　　美國、中國在二次大戰之後，中國共產黨政府成立，有幾個階段性互動。1950年代韓戰爆發，中國親蘇抗美，美國採取圍堵政策（包括蘇聯、中國等共產集團）。派第七艦隊巡防台灣海峽，與台灣簽訂中美共同防禦條約。1960之後，中蘇關係變質，美國掉入越戰泥淖，採取親中抗蘇策略。尼克森總統訪問中國大陸，破冰之旅，上海尼周公報，1979中美建交，與台灣中止正式外交，改以台灣關係法運作台美互動。

　　1990美中經濟互動頻繁，中國採取經濟開放政策，包括台商大量投資中國市場。2000中國加入WTO（世界貿易組織）。九一一恐怖事件，美國傾全力打擊恐怖主義，在伊拉克、阿富汗發動戰爭，與中國維持尚可的政治連結。中國經濟成長，扮演世界工廠角色，成為僅次美國的全球第二大經濟體。中國外交策略本來採取低調，不宣揚對外擴張，宣稱與美國和平共處。

習近平主政之後，大聲疾呼中華民族偉大復興，發展中國特色的社會主義。一帶一路兼具多重目的，在東海、南海與民主國家衝突，尤其美國。台灣海峽也因為兩岸互動不佳，升高緊張情勢。中國欲以G2（兩大超強）與美國在國際平起平坐，美國絕不接受。中東問題、反恐政策告一階段性，美國亞洲再平衡，重返亞洲策略，歐巴馬政府與中國大陸形成既競爭又合作的模式。

政治、經濟、軍事、貿易、科技等錯綜複雜因素，川普總統以貿易逆差、非關稅障礙、智慧財產保障、中國不當補貼傾銷、匯率操作等原因，展開中美貿易戰。背後涉及因素不勝枚舉，經過冗長談判，最近有初步的進展。但是美中背後的衝突因素依在。美中幾十年形成的產業鏈，美國製造業外移、貿易逆差，包括5G、互聯網、AI等中國科技咄咄逼人。美國及一些民主盟國，嘗試傾全力改變遏止。

政治軍事層面，美中對抗更加尖銳。中國不但沒有因為經濟發展促成民主政治（以往美國部分人士樂觀認為，經濟發展，平均收入提高、中產階級崛起、教育程度提高等，帶動民主自由人權）。中國大陸完全不同，透過高科技（例如識別系統、偵測儀器等）加上強烈民族主義，習近平採取更嚴苛的內部控制。對外以所謂銳實力透過各種途經浸入民主國家每一層面。在南海建立機場等，在台灣海峽軍事展示，東海尖閣列島與日本較量。

美國包括國會、行政部門，共和黨、民主黨，對於中國政

策，難得出現相當一致的策略。川普總統的印太策略，有計畫與中國展開的貿易戰、經濟戰、科技戰。兩手策略，打打停停。美國是民主國家定期選舉，秉持務實主義總體外交理念。避免兩敗俱傷，又能略佔上風。中國也步步為營，鞏固領導中心，不傷害中國主權尊嚴，延續經濟成長等為優先考慮。

台灣七十年，處在美國中國互動之下生存發展，國人已經習以為常。中國大陸的崛起，兩岸實力差距拉大，兩岸交流一度達到高峰。目前經濟社會交流仍然緊密，政治溝通則告中斷。美中對抗，台灣的戰略價值上升，美國印太策略，台灣第一鏈功能。台灣的民主自由，也是台灣價值核心，加深與美國、日本、歐盟等國聯繫。美國國會通過友台法案，行政部門親善動作不停，軍備出售等，台美關係的確四十年所罕見。

處在美中兩大強國之間，包括日本、新加坡、澳大利亞、東協國家，均不敢掉以輕心，小心謹慎理性務實。台灣亦然，尤其中國宣稱台灣是中國一部分，台灣處在第一線。包括台灣人民、主要政黨、政府領導人，均宜掌握全球動態。中美互動，有如兩隻大象有時擁抱，有時打鬥，台灣避免坐在任一隻大象肩膀上。運用智慧，加強與美國合作，緩和兩岸緊張，也不可或缺。

4.政治信任的剖析

　　政府失信，掀起全球示威潮，包括智利、伊拉克、香港、西班牙、黎巴嫩、法國等。人民示威抗爭理由不一，但是政府失能，人民政治信任感大幅下降，共同的現象。聯合國祕書長古特雷斯語重心長，大聲疾呼全球領袖聆聽民眾心聲。

　　智利上百萬人上街頭，抗議長期貧富懸殊。伊拉克、黎巴嫩街頭抗爭，多人死傷，導火線政府高官貪污腐敗。西班牙加泰隆尼亞民眾抗議獨立領袖遭到叛國罪處刑。香港從反送中升高為時代革命光復香港，五大訴求缺一不可。法國黃背心運動已經持續多時，儘管法國政府採取多項因應措施，仍然無法滿足人民需求。其他包括幾內亞、厄瓜多等亦抗爭迭起，令全球矚目。

　　人民抗爭的理由不勝枚舉，抗爭的型態包羅萬象。民主國家，保障人民言論、結社、集會等自由，合法範圍的示威抗議，司空見慣稀鬆平常。此外定期選舉，人民透過選舉，淘汰不適民選公職人員。公民投票也是人民表達對公共政策的途徑。所謂規範性政治參與及非規範性政治參與，在民主國家，提供人民表達政治意願的方式。可是為何愈來愈多民主國家，人民抗爭型態愈演愈烈，警民衝突迭起，暴力對峙屢見不鮮，

甚至升高要求政府首長下台，解散政府，與人民革命相似。

　　冰凍三尺非一日之寒。人民抗爭固然有當前事件引發，例如香港政府欲修改逃犯條例衍生反送中抗議。但是長期累積政治、經濟、社會問題，才是罪魁禍首。星星之火可以燎原，一發不可收拾。加上資訊社會，網路流通無遠弗屆，成為新型態抗爭模式。群龍無首，容易失焦，政府部門也窮於應付，抗爭更加尖銳，沒有集體談判妥協機制。阿拉伯之春開啟此種模式，結果多數國家悲劇收場。法國黃背心運動，以後陸續出現在各國。台灣的太陽花運動、反恐龍法官、洪仲丘案等，或多或少相同痕跡。

　　去年韓流旋風，討厭民進黨成為九合一選舉主流，人民對於執政者不滿，在選舉時傾訴，反而證明民主選舉的功能之一。平時則透過各種政治參與途徑，紓解人民不滿。任何執政者，無法完全滿足人民需求，不言而喻。尤其多元社會，人民政治資訊互通，期待升高，執政者有限政府資源，無法面面俱到。由各民主國家，政黨輪替頻繁，人民對於主要政黨的批評，民粹主義興起，極端政黨及非典型政治人物崛起，可以略知一二。

　　政治學對於政治信任感、政治疏離感、政治功效意識，有若干研究成果。這三種測量一般人民的政治態度，彼此相關，均反映人民對於政府、政治人物、主要政黨、重大公共政策，甚至政治社群（例如國家定位、國家認同）的認知、評價，及可能行動傾向。對於實際從事規範性、非規範性政治參與，或

激烈性抗爭行動，均有顯著影響。政治疏離，對於政治運作、政府、政治人物、主要政黨等長期不信任，日積月累，可能形塑政治犬儒意識。不少政治冷默或反而參與激烈抗爭者，均具有此種心理特質。

　　政府施政良否，政治人物的操守、長期累積的政治形象，人民的政治知識、政治意向等，綜合形成人民的政治信任感。全球演變，政府失信，掀起示威潮，付出重大代價，頗值正視警惕，包括台灣。

5.美英政治運作的省思

美國眾議院啟動對川普總統彈劾，川普全面宣戰，白宮阻證人作證，致函眾議院議長，指違憲干預選舉，行政部門全不配合。眾議院議長警告勿凌駕法律，美國媒體抨擊川普耍賴到底，挑戰美國憲政，一個權力幾乎不受節制的總統。

無獨有偶，英國首相強森，為了脫歐問題，也摃上國會。本來欲延長國會休會，勞動英國法院宣告違法才作罷。號稱憲政之母的英國，為了公投脫歐通過，如何脫歐？國會角色？全國爭議不休，全球矚目。

英美兩國政治制度、政治運作，比較政府、比較政治必修課題。代表民主國家的演進，分別是總統制、內閣制的典範。加上兩國政黨政治實施多年，在民主國家之中，少數兩黨政治國家，政治穩定遠超過獨樹一幟的法國。以及二次大戰之後威權轉型的民主國家：德國、義大利、日本、西班牙等。遑論一九八〇年代逐漸民主化的新興國家，例如東歐國家、菲律賓、南韓及台灣等。而且上述國家泰半多黨林立，聯合政府分分離離。

兩大民主國家目前均發生狀況，令人省思。英國是不成文憲法國家，依據政治慣例，樹立責任內閣制、政黨政治、行政

立法司法三權分立、保障人權的憲政體制、司法獨立及法治原則。英國殖民統治地區紛紛獨立，採行英式民主制度，成果斐然，例如加拿大、澳大利亞、紐西蘭等。馬來西亞、新加坡等亦是實例。英國未正式頒行憲法，依據憲政慣例累積不少憲政規範，英國人一向引以為傲。英國國會扮演重要角色，以前有句名言：「除了決定男女性別，其他英國國會均可勝任。」

可是英國兩次公民投票，是否脫歐？蘇格蘭是否獨立？卻餘波蕩漾。失掉兩位首相，蘇格蘭人迄今憤憤不平，最近為了是否強行脫歐，獨立之聲再起（蘇格蘭人不少反對脫歐）。脫歐公投通過之後，如何脫歐，成為考驗國會的重要課題。國會表現，兩大政黨表現欠佳，人民怨聲載道。捨去國會授權，再次公投主張不絕於耳。強森首相戲劇性登位，不妥協作風，引起英國內部、英國與歐盟國家的分歧。英國人民更對長期以來形塑的國會角色產生質疑。

民主起源的國家，發生此種困惑現象，公民投票、直接民權、國會如何權力分際，尤其非成文憲法的英國。採用英式內閣制國家，十之八九有成文憲法，也許沒有類似困擾。多黨林立，政治不穩定，係這些國家共同現象。

美國代表總統制國家，總統、參眾兩院如何互動，憲法明定之外，最高法院也樹立若干規範。總統、參眾兩院，不同政黨主政，加上總統個人特質，常常衍生一些插曲。由民主黨掌控眾議院，川普的與眾迥異，總統大選即將來臨，上演彈劾戲碼，不令人意外。只是總統與不同政黨的國會領袖，如此針鋒

相對，美國人民也嘖嘖稱奇。至於是否構成美國憲政危機，應該不致如此。總統制授予總統實權，如何向國會、人民負責，各國規定不一。但是總統制產生不受節制的強人政治領袖，屢見不鮮，此次美國彈劾之爭，再次凸顯值得省思課題。

　　台灣是新興民主國家，國人對於美英政府體制、政府運作，耳熟能詳。兩個主要國家的近日政治現象，值得包括台灣在內的全球人士省思。

6.香港時代革命與台灣政局發展

　　香港因反對逃犯條例，所掀起的反送中運動，經過一百多天的變化，超出國際人士的想像，在國際三大金融中心，上演劇烈的政治社會衝突。雖然抗爭似乎冷卻，但是任誰也無法預測未來是否衝突迭起。猶如今年六月百萬人走上街頭，一連串警民對峙，由反送中升高為五大訴求，缺一不可。

　　香港青年的表現，引起國際人士的矚目，分析文章不勝枚舉。由於涉及中國大陸一國兩制政策，台灣、香港雖然狀況不同，但是同樣面對中國大陸。今日香港，昨日台灣、明日台灣，在台灣引發討論。加上2020總統大選日益接近，香港變化，或多或少影響台灣政局，尤其總統選舉。本文分為三部分：第一，香港時代革命的政經解析；第二，一國兩制前途未卜；第三，台灣政局的影響。

香港時代革命的政經解析

　　1997香港依據中英聯合聲明，中國承諾香港50年不變，基本法規定香港為中國的特別行政區，維持香港的政治經濟社會制度。香港歷經英國殖民統治，人民的參政權有限，但是自由

法治人權，卻成為政治文化部分。香港特殊的經濟地位，國際
三大金融城市之一，中國大陸的轉運中心，經濟基礎尚佳，平
均所得、經濟成長，號稱亞洲四小龍之一。九七之後，香港人
民參與權依然受限，行政特首，非由香港人民直接選舉，而是
在層層規範之下，中國大陸極易掌握。立法局亦然，特定功能
團體（類似職業團體）產生一定比例委員。其他開放民選，建
制派始終維持多數，民主派雖然有所茁長，仍然力不從心。

　　與一些威權國家相似，部分香港人民大聲疾呼民主改革，
倡言行政特首直接民選，立法局全面民選。中國大陸回應相當
清楚，基本法之下，香港是行政特區，中國的一部分。中國迄
今仍然是一黨統治的非民主國家，對於香港民主化呼聲，不可
能照單全收。香港與中國大陸隣接，香港的經濟體制，中國領
導階層也不希望巨幅改變。可是社會交流，衍生的量變、質
變，經濟社會不可能一成不變。香港近二十年人口結構、所得
差異、房地產價格、年輕人基本所得等問題不少。累積的民
怨、相對剝奪、年輕世代的不滿，種下抗爭的因子。

　　政治變遷方面中國強化香港人民的民族認同，禁止港獨，
加強政治管控，限縮香港人民原有言論、結社等自由。一方面
要求更多參與，執政當局則有恃無恐，政治衝突不言而喻。香
港民主派相當多元，作為國際交流中心之一，又有法治人權基
礎。網路數位時代，經濟社會問題部分惡化，諸多因素，兩年
前的雨傘運動，區議會、立法局選舉趨勢。民主派年輕一代抗
爭力道強烈等，各種症候，在反送中運動之後，一發不可收

拾。香港當局處置失當，警察與民眾對峙多日，街頭流血時有所聞。抗議民眾要求成立公正調查委員會，行政部門不予採納。

香港本是多元社會，民主、建制黨派並存，人民政治信仰亦然。激發不同政治信念者衝突，人民、政府，人民之間，政治衝突的強度，令人矚目。例如時間的拖延，抗議者面戴防氣器具，警察使用鎮暴設備。中國曾經升高干預措施，對於抗爭者兩手策略，形式上交由香港政府全權處理。中國媒體批判此種黑色革命，不可容忍暴力，香港抗議人民則以時代革命，心靈洗滌、榮光歸於香港自我期許。

主導抗爭，已非民主派，中、大學生，年輕人等，展現出來的力量，超乎常態。理性、溫和、非暴力，仍是抗爭的主軸、手段。但是缺乏領導中心，抗爭時間拉長，受到鎮壓，玉石俱焚的聲音不可忽視。雖然大型抗議活動稍稍緩和，但是小型對峙此起彼落，香港政府不接受五大訴求，尤其中國不可能接受全部普選訴求。懷柔鎮壓並行，香港區域議會十一月選舉之前，抗爭活動無法完全中止。

連續性抗爭，對於香港經濟已有明顯影響，經濟成長下滑，觀光投資亦是。香港經濟地位，今不如昔，可是包括中國、國際主要國家，均不希望香港現狀大幅改變。以前的宗主國英國，實力有限，脫歐困擾自顧不暇，但是仍然略微發聲。美國有香港相關法律，中美貿易談判，川普總統作風，美國政治人物對於中國態度等，香港情勢，國際主要力量的動向，扮

演若干作用。

一國兩制前途未卜

中國因為諸種原因，同意在香港實施一國兩制，其中包括對於台灣的統戰。可是二十多年之後，香港經濟社會情勢大異其趣，中國政治經濟發展，香港重要性下降。除了香港經濟社會變化，中國秉持一個中國，香港是特別行政區，中央政府政策有計畫貫徹實施。珠江三角洲的港灣發展方案，深圳崛起，上海角色等，將香港納入中國部分。

習近平主政的十八大之後中國，一帶一路，不再溫和自我約束的國際策略，香港一國兩制的範本已經失去作用。中國對於台灣的文攻武嚇、威脅利誘，香港的一國兩制是否維持，已非重要原因。當然中國對於香港的政策，或多或少仍會考量台灣人民的反應，可是國際因素、香港金融中心地位依在等，才是中國主要問題。

此次香港時代革命，成員多元，訴求有別，但是主張香港獨立聲音不多。希望真正實施一國兩制的聲音，仍是主流，香港若干民主人士，也以民主改革為主，不擴大為主權獨立，與獨立仍有區別。改善生活環境，提升民主自由，前途未卜，尤其全面普選，可預見未來，仍然機率不高。

香港政府強化溝通，改善居住等問題，政治改革方面，與抗爭者應有交涉談判。政治抗議，沒有領導中心，未來如何異

中求同，除了五大訴求，哪些具體項目可以與政府妥協。國際主要國家，尤其美國如何介入，中國底線何在，均攸關未來發展。一百多天情勢變化，超出預測，未來型態，充滿變數。

台灣政局的影響

香港變化，對於台灣實際情勢影響力有限，可是人民心理作用，不可低估。加上總統大選即將舉行，主要政黨必然有計畫操作香港問題。從近四個月民意調查，台灣人民相當關注香港問題，習近平一國兩制台灣方案之後，對於台灣採取策略，更使得民進黨政府倡導反中保台，也贏得一些台灣人民的支持。

除非中國武力鎮壓香港，香港抗爭升高，逼使中國採取強烈措施。如果發生此種情事，民進黨政府更振振有詞，由台灣人民反映，香港時代革命，加上中國對於台灣的措施，不少人民危機感增加。芒果乾（亡國感）雖然不普及，但是些微的差距，可能影響總統、立委選舉結果。選舉期間，各式各樣操作，令人引以為憂。

香港、台灣，有共通之處，也有大相逕庭地方，不必相提並論。香港時代革命方興未艾，台灣人民拭目以待，主要政黨及政治人物，以蒼生為念，理性處理，不可無限上綱。

7.香港區議會選舉結果與台灣政局發展

　　香港區議會選舉結果，泛民主派大獲全勝，囊括九成席次，建制派原本在區議會占盡便宜，此次恰好翻轉。香港連續五個月反送中運動，警民嚴重衝突，升高為五項訴求缺一不可。甚至有寧可同歸於盡，捨去和平理性抗爭。區議會選舉如期舉行，創下前所未有七成一投票率，香港人用選票表達意見，本來地方選舉升格為準公民投票。

　　香港政府及背後中國政府對於選舉結果，應該不會感覺意外，近五個月在面積不大的城市，爆發如此激烈衝突，目前在香港大學校園的抗爭，已經接近都市游擊戰。香港政府及中國政府對於區議會選舉結果所反映民心向背，如何因應。除了70席立法會，有6席由區議會推出。1200位組成特首選舉委員會有117位由區議會推出。對於未來香港行政特首選舉、立法會運作，有若干影響。區議會雖然以處理區域事務為主，可是議員更迭，區域結構應會調整，對於香港未來民主運作，也不可低估。

　　香港人經過此次選舉，抗爭活動如何發展，備受矚目，也決定中國大陸及香港政府可能採取措施。目前一切言之過早，因為五個月香港局勢發展，雖然有些脈絡可尋，但也有不少超

乎想像，包括國際人士也甚難預測。對於台灣政局影響，也因此未有定論。但是香港五個月政治變化，的確影響台灣政局，尤其2020總統大選。

蔡英文政府在去年十一月九合一選舉大挫敗，理由不言可喻。用人不當，政策爭議，酬庸比比皆是，派系作祟，缺乏治理能力。可是今年一月習近平一國兩制台灣方案，引起台灣人民的恐懼，特別三十五歲以下的年輕世代。香港反送中，爭普選，以年輕人為主的時代革命，獲得台灣人民（尤其年輕朋友）的共鳴。蔡英文的辣台妹，民進黨的反中保台，屢試不爽，支持率節節攀升。加上利多政策大放送，挑戰的國民黨及總統提名人韓國瑜狀況不少。第三勢力郭台銘、柯文哲未角逐總統寶座，蔡英文一枝獨秀，連任機率大增，應是十拿九穩。

香港因素，加上美國、中國大陸等外部因素，明顯影響台灣此次總統大選。目前幾乎總統選舉大勢底定，所以香港因素未來四十多天，如何發展，均影響有限。明年元月十一日選舉，焦點轉向立法委員選舉，各政黨在立法院席次，攸關台灣未來四年政局走向。民進黨如意算盤，把握良機衝高立法院席次，以取得過半為職志。國民黨不分區立委提名傷痕累累，已經不可能過半。小黨林立，又有民眾黨、時代力量、親民黨挑戰，未來立法院如果民進黨不過半，台灣政治發展將邁入新的境界。

民進黨政府運作香港問題，搭配中國大陸及美國因素，嚐到甜頭。未來四十多天香港變化，部分影響台灣立法委員選舉

結果。此外,明年大選之後,新政府如何處理兩岸問題,對於台灣未來有至深且巨作用。香港政局變化,在台灣明年總統立委選舉之後,仍然前途未卜,不會塵埃落定。

台灣、香港有相似之處,例如面對中國大陸、一國兩制等。但是有不少相異,不宜完全相提並論。香港問題,台灣人民的確必須了解關心,但是主要政黨、政治人物,不宜刻意渲染,為了己私無限上綱,引發不必要的恐慌。

第四章

———

2020選舉

1.摒棄獨占的心態廣結善緣

　　柯文哲市長籌辦台灣民眾黨，民主社會，人言言殊仁智互見。可是如果以蔣渭水先生在將近百年前已有台灣民眾黨為由，反對柯設立，令人大惑不解。民進黨主席卓榮泰宣稱欲組成抗中保台大聯盟，同樣地令人丈二和尚摸不著邊。堂堂執政黨主席應該宣揚四年執政績效，以及未來四年政策願景。坦然而言，保台人人有責，抗中需要智慧規劃。

　　所以出現上述現象，綜合歸納：自以為是，獨占壟斷心態，只此一家，不容他人。以台灣民眾黨為例，蔣渭水先生英年逝去，鼓吹台灣新文化運動，在日治時代，成立台灣民眾黨，令人佩服。將近百年之後，仍然流傳成為美談。包括後代子孫與有榮焉。但是台灣民眾黨絕非成為專利，其他人不可使用，相信蔣先生在天之靈，也不願如此。台灣民眾黨不似古蹟名勝，長期保留，不容他人使用，內政部審議台灣民眾黨，也不致於如此。

　　抗中保台道理相同，民進黨早期黨外時代，對抗國民黨獨大統治，也許民主自由人權，比較傾向黨外。台灣經過民主發展，民主自由人權成為人民生活方式。自由平等已經是眾人皆享，不是任何政黨、個人的專屬。民進黨深諳其中奧妙，突然

轉型為台灣主權、抗中保台。台灣（中華民國）主權為全民所共有，維護主權人人有責，也是日常生活部分。豈是某一特定政黨或政治聯盟的專利。

台灣的確存在國家定位等爭議，可是真正主張中國大陸統一台灣，一國兩制、居心叵測出賣台灣主權等，在民主多元社會，也許依然存在。可是主要政黨、政治人物如果公開倡導，支持力道應該微乎其微。執政黨自吹自擂抗中保台，難道其他非執政黨或未加入聯盟政治人物就會聯中賣台？如此獨占心態，劃地自限，刻意分割你我，豈是執政黨所應為？泱泱大度，在政黨競爭之下，或許強人所難渺乎可得。但是也不宜二元思維，利用選舉升高對峙衝突。

經濟學對於獨占的弊端，不言而喻。政治心理學對於封閉心態與開放心態，民主人格與權威人格，著墨不少。封閉心態及權威人格的共同特徵之一，獨占心態，自以為真理之所在，認為其他人天真無知，不允許與意見不同者溝通，不尊重異己。歷史上威權國家的崛起，十之八九與此文化攸關。台灣歷經威權統治，民主政治歷盡滄桑，民進黨的前輩們的努力，功不可沒。相信絕大多數民進黨朋友，浸汲民主文化，孕育開放心態、民主人格。

摒棄獨占心態廣結善緣，相信蔣渭水先生的精神如此，民進黨前輩們，以及受到民主自由洗禮的台灣人民，均是如此自我期許。民主政治奠基於開放心態及民主人格。

2.帶職參選與濫用政府資源有別

　　帶職參選最近成為熱門議題，因為國民黨、民進黨的總統提名人均是現任政府公職人員：高雄市長、總統。而可能成為另一三角督的人選，也是現任台北市長。只是令人嘖嘖稱奇，似乎對於蔡英文以現任總統競選連任，視為理所當然，高雄市長韓國瑜角逐總統大位，則議論紛紛。理由何在？百思不得其解。

　　反對韓以現任高雄市長競選總統的理由不外乎如下：擔任高雄市長不及一年，有違與市民承諾；領取競選補助費，中途更換跑道，應該繳回；在職競選無法同時兼顧市政、選務等。的確從政治分析，任期四年，不及一年，即參加另項公職選舉，有違政治常規。但是法律並未明文禁止，妥適與否，交由選民公斷。至於與台北市長柯文哲比較，兩位如果同樣帶職參選，除了柯已經是第二任市長，其他指涉理由，沒有不同。

　　民選行政首長，除了特殊規定，以一任為限，例如修憲前韓國總統，否則現任總統帶職參選，幾乎成為常態。韓、柯如果以現任市長帶職參選，與蔡英文區別何在？除了現任職位不同，蔡總統任期即將屆滿，兩位市長任期尚有四分之三。選民是否接受，尤其原選區民眾，自然反映在選票之上。社會以平

常心看待,是否繳回公費補助,見仁見智,可以討論。坦然而言,政黨或個別候選人公費補助,各國情況互殊,迄今沒有定論。

帶職參選不可濫用政府資源

其實對於帶職參選,不必大驚小怪,真正值得正視的課題,是否濫用政府資源,公器私用。一般而言,現任者為何比較有利,尤其競選連任。以韓、柯、蔡三者而言,韓、柯頂多高雄市、台北市資源(當然仍然數目龐大、必須防範未然)。蔡則是全國性資源,高出前兩位數倍之多。現任者挾平時政策利多,龐大政府機構,外圍組織團體,即使不刻意公器私用,濫用職權及政府資源,連任成功率助益甚多。如果施政成績不佳,人民怨聲載道,載舟覆舟,也可能失去政權。

政府資源的濫用,可以區分選舉期間及非選舉期間。後者時間遠大於前者,可是政黨提名,使所謂選舉期間拉長。民主國家,尤其總統制國家,現任總統欲競選連任,在黨內初選,十之八九受到優先提名的禮遇。例如明年美國總統大選,川普獲得共和黨提名,已然是定論。蔡英文在民進黨總統初選,受到前行政院長挑戰,初選一波三折,情何以堪,還被抨擊濫用政府資源。

國安系統私菸走私事件,愈演愈烈,重挫蔡英文連任之路。國人殷切期盼,經此教訓,整頓國安系統,消弭特權心

態，降低政治酬庸文化。類似華航黨政人士充斥寄生現象，只是冰山一角。民主政治或許或多或少藏污納垢，但是包括陽光法案、公費補助、掃除貪污舞弊、要求透明課責等，無非就是透過民主機制，將不公現象降至最低。

　　包括不少團體大聲疾呼正視帶職參選問題，其實防止政府資源遭到濫用，更需要矚目重視。選舉期間防止現任公職競選連任，居心叵測濫用政府資源，全民責無旁貸，嚴格要求。

3.新任總統責無旁貸的課題

　　新任總統將於數十天後產生，目前的選舉情況，蔡英文連任機率甚高。但是選情千變萬化，必須等到元月十一日中央選舉委員會正式公布結果。不論蔡連任或新的國家元首，民選總統任重道遠，依據憲法職權及民意基礎，決定未來四年國家重要政策，攸關國家前途、全民福祉。

展現國家領導人的胸襟魄力

　　新任總統在領導風格、用人哲學，務必超越1996年總統民選衍生的民選總統陷入政黨泥淖，未能展現全民總統、國家元首的胸襟魄力，團結全民，共同因應瞬息萬變的國際、國內政治、經濟、社會變遷。識人之明用人唯才，係領導成敗的重要因素，陷入黨派之私，未能為國舉才，反而遭到包圍。執政成績欠佳，治國團隊素質有待提升，息息相關。

　　台灣長期面對特別的國際、國內環境，尤其是中國大陸的威脅利誘文攻武嚇。任何政府領導人如何善用智慧，理性務實在兩岸互動、親美日友中國、掌握國際脈動，提出具體可行的外交政策、大陸政策等。兼顧國家主權、民主自由人權，又以

國家安全、人民福祉為重。人民消極上免於恐懼自由，積極上有希望的未來，享有民主自由及一定水平的經濟生活。

人民透過定期選舉，要求包括總統在內的民選公職人員，授予公權力，造福人民，而非一黨一派，政治酬庸分贓。耗費國家資源，破壞財政紀律，漫無章法，不尊重專業，利多政策大放送。天下沒有白吃的午餐，羊毛出在羊身上，為了選舉，或缺乏核心價值、治國理念。濫用國家公器，制定錯誤政策，花費不貲公帑，債留子孫，製造一些不必要建設。國家陷於空轉，國家競爭力不進反退，在二十一世紀，全球競爭高度資訊化的時代，失去國家戰略，國家發展目標欠明，策略模糊不清。民間部門不知何去何從，自求多福。

政府組織改造不可或缺

國家體制長治久安，經過長期循序漸進累積而成。可是台灣的政治體制問題不少，雖然政府組織改造進行多年，仍然諸多欠缺之處，大中國架構，行政院下轄部會將近30個。考試、監察兩院應該整併，分別納入行政、立法院。行政院設立短期性行政獨立機關，例如不當黨產處理委員會、促進轉型正義委員會，務必屆時功成身退。公平交易委員會、中央選舉委員會、國家傳播委員會等獨立行政機關，一定要超越黨派，獨立行使職權。

行政院所轄部會，仍然有若干因為政治考慮而維持，例如

僑務委員會、客家事務委員會、退除役官兵輔導委員會、原住民事務委員會等。行政院本部組織龐大,發言人特任職,處、辦公室等高達20個以上。政務委員與部會首長之間的分際。總統、行政院長的釐清、角色分際等憲政課題之外,總統、行政院長一肩挑,部會首長似乎成為隱形人。

明年元月十一日立委選舉結果,可能任何政黨在立法院不過半。試問新任總統,為了國家未來順利運作,組成聯合政府?在台灣政治紛擾多年,所謂藍綠、統獨對抗,面對中國大陸咄咄逼人,全民團結,開誠布公集思廣益,才是國家發展正途。新任總統凝聚民意,全民團結的象徵,有無開放胸襟,組成大聯合(或依最小獲勝原則組成聯合)政府。

政治酬庸分贓,備受人民詬病,除了心術不正,制度也是主因。國營企業林立,加上轉投資的子公司、孫公司,例如台電、中油。表面上民營,政府股份持有將近半數,掌控人事權、經營權等。例如中華電信、中華航空、兆豐金控等。政府投資或公營銀行、企業捐款設立的財團法人、基金會等。成為政治酬庸、安插職位的途徑。新任總統是否公開向人民宣示,列出時間表,逐漸改革上述問題。行政法人亦然,雖然法有監督規定,可是攸關人民福祉、國家資源,也宜比照處理。

常任文官,依考試任用、升遷,具有高度專業性,也是民主政治政黨輪替的穩定力量。尊重並善用常任文官,不另巧名目擅自破壞文官制度。公共政策兼具專業、價值、民意,文官的專業,彌補政務官、機要人員的不足。喧賓奪主本末倒置,

公共政策優劣良否，一目了然。新任總統知人善用，任用一流菁英，出任行政院長、部會首長，才能領導得宜，善用文官，制定超出黨派可長可久公共政策。否則，反其道而行，往昔政府的決策品質低劣，文官被剝奪意識濃厚，人民當然怨聲載道。

國家安全及發展兼顧

台灣面對中國大陸宣稱台灣是中國一部分，中國以一國兩制台灣方案，反對台灣獨立，不讓台灣享有合理的國際地位，運用各種方式矮化台灣。歷史、地緣、文化、國際關係等因素。台灣人民對於兩岸互動、長期歸屬，有不同意見，可以理解。短期、中期，多數台灣人民反對中國大陸的一國兩制，台灣長期擁有主權、民主自由、民選的政府、財產自由、獨立創造空間等。中國大陸非民主、一黨專政、限制人民自由、沒有民主選舉等，對於多數台灣人民是種威脅。

此次總統大選，芒果乾（亡國感）大行其道，尤其在年輕一代，不言而喻。習近平的五點談話，香港的反送中運動如火如荼。台灣人民心理影響，不可避免，蔡英文辣台妹、民進黨的反中保台。相對於國民黨長期主張九二共識，一個中國各自表述，遭到中國大陸否定之後，失去方寸。可是台灣長期處在特殊國際、兩岸環境，國家元首務必理性務實，一方面團結人民，另一方面發揮智慧，帶領團隊制定兼具國家安全及發展的

良方。

　　將國家安全與國家發展一分為二，刻意指責對手的不是，甚至暗示對手可能出賣國家利益。一付捨我其誰，壟斷國家主權、民主自由人權的詮釋，絕非正常作為。選舉過後，膺任國家元首，務必展現寬大胸襟，責成所屬團隊、政黨，不要再酸言酸語，給人氣度狹隘感覺。國家安全與人權保障，相輔相成，不容重踏台灣往昔威權統治覆轍，以國家安全名義，損害基本人權，放任政府為所欲為。

　　包括政治、經濟、社會等國家發展，政府責無旁貸義無反顧。虛心檢討政府角色，將政府資源最妥善運用。組成一流團隊，以民為主，秉持專業理性制定公共政策。結合所有非政府部門的人力智慧，在國際關係險峻、兩岸有待降低緊張之際，開創未來，給予人民信心、實質福利。

4.分裂投票的政治詮釋

　　依據最近有關總統、立委選舉民調結果，分裂投票選民值得正視，尤其民進黨支持者。所謂分裂投票係指同時選舉，有兩類以上投票，支持不同政黨。例如2020元月十一日，總統、立委（包括區域或不分區）投票給不同政黨。

　　為何發生分裂投票，政治學分析不少。尤其同時舉行類別不少的選舉，分裂投票機率增加。美國四年一次總統選舉，同時舉行眾議員改選，部分州有參議員、州長改選。州以下議員、選任官員更是不勝枚舉。僅以總統、參眾議員、州長為例，即出現若干分裂投票現象。一般而言，選民投票取向的因素：政黨取向、政見取向、候選人取向、關係動員取向。當然上述四種取向不是完全互相排斥，彼此有些關聯。政治性質愈低的選舉，非政黨取向選民比例愈高。例如地方選舉，政黨取向選民低於中央選舉。

　　行政首長的選舉，政黨取向選民比例高於民意代表選舉。民意代表選舉，多選舉區，政黨取向選民低於單一選區。台灣地方選舉，縣市長及縣市議員選舉結果，主要政黨的獲票率，有些差距，理由在此。政黨取向的選民，通常政黨認同或政黨支持度較高。愈來愈多國家，人民的政黨認同下滑，單一議題

認同（例如同婚、環境保護、移民、反核、氣候變遷等）替代政黨認同。主要政黨執政不力，表現欠佳，人民失望反感。台灣的政治發展，也有類似現象。

去年地方選舉，討厭民進黨，造成韓國瑜旋風，國民黨也斬獲不少。曾幾何時，不信任韓國瑜的比例不低。第三勢力未推派總統候選人，兩相比較，加上中國大陸文攻武嚇，習近平的一國兩制台灣方案。香港反送中運動愈演愈烈，已經持續四個月以上，香港政府實施禁蒙面法，抗爭更加激烈，在十一月底區域議會選舉之前，風波未了。被稱為時代革命，要求五大訴求缺一不可，未見終了跡象。台灣人民的心理感受，民進黨操作芒果乾策略，利多政策大放送等因素。陷入博士論文困擾的蔡英文，連任之路，反而逆轉勝。

可是民進黨在區域及全國不分區立委，民調並不理想，與總統候選人有一段落差。亦即明年初總統及立委選舉，偏向本土的綠色選民，有可能出現分裂投票。究其原因，除了行政首長、民意代表，選民投票取向因素有異。偏向本土綠色選民一向自主性不低，考慮候選人良否、大環境變化、政黨表現等。民眾黨、一邊一國聯盟、喜樂島聯盟紛紛成立。加上已經成立的時代力量、社民黨、綠黨、基進黨等。這些政黨除了少部分欲連署呂秀蓮參選總統，其他均只介入立委選舉。

與其他民主國家雷同，年輕一代，政黨認同淡薄，不少選民對於主要政黨輪替執政，卻令人大失所望，政黨悖離意識普及。民進黨近四年完全執政表現不佳，國民黨的既定形

象，人民政黨意識下滑。台灣選民如果出現分裂投票，不難
理解。

5.不分區立委的角色與功能

　　2020總統、立委選舉逐漸白熱化，除了總統、區域立委之外，全國不分區立委也受到矚目。選黨不選人，在113位立委占了34位，將近三分之一。攸關立法院整體運作，政黨政治的發展。尤其明年元月十一日選舉結果，可能沒有政黨在立法院取得半數以上席位。除非國民黨、民進黨兩大政黨聯合，否則依據最小獲勝聯盟原則，包括立法院正、副院長，未來立法院議事進行，法律案、預算案審查，人事同意權行使等，執政的行政部門，均需與關鍵性小黨合作。

　　台灣不是內閣制國家，總統直接民選，行政院長不必立法委員同意。總統所屬政黨在立法院未取得半數，即使未與其他政黨組成聯合內閣，政治體制仍然運行。可是此種分離政府狀況較多，例如美國目前狀況，民主黨在眾議院取得多數。類似彈劾總統等政治動作頻仍。美國總統對於參、眾兩院通過的法律案等，有袋中否決及一般否決，前者係法律漏洞，後者總統掌握國會三分之一席次即可（總統送請國會複議的法律案等，國會必須維持三分之二原決議，否則失效）。

　　台灣實施的憲法本來參考美國模式，行政院經過總統核可，送回立法院複決法律案，立法院必須維持三分之二原決

議。行政院長接受或辭職，等同立法院對於行政院長行使不信任權。憲法增修條文改為行政院對於立法院通過法律案，送請立法院複議，立法院維持二分之一原決議，仍然生效。只是行政院長不必選擇辭職。2000-2008民進黨在行政部門主政，泛藍（國民黨、親民黨）在立法院超過半數。形成政治學所稱分離政府，許多重要法律案無法通過。行政院送請立法院複議，只有一件，因為泛藍立委支持而通過。

不分區立委由政黨提名，經政黨撤銷黨籍，即失去立委資格，另由黨員遞補，係忠誠執行政黨意志的國會議員。台灣區域立委選採取單一選區、相對多數制，有利於兩大政黨，不利於小黨。2008實施以來，小黨未曾在區域立委獲得席次。不分區立委從以前依各政黨在區域立委選舉的得票比例（門檻百分之五）分配席次。現在改為選民直接投票給政黨，再依比例分配席次。門檻不變，百分之五。政黨補助，門檻百分之三，不分區立委分配門檻較高，避免國會小黨林立。通過門檻的政黨，起碼兩席立委，三席即可組成政團，分配經費，參與政黨協商。實施十二年，只有三個小黨（親民黨、時代力量、台灣團結聯盟）取得立法院席次。

通過門檻的政黨另一權力，可以逕行提名總統候選人，不必連署。在主要政黨取得立法院半數以上，小黨的政治影響力式微，如果明年立法院狀況不同，小黨角色愈形重要。而且小黨的立委以不分區立委為主，人選格外重要。比較有可能取得不分區立委的民眾黨、時代力量，不分區立委提名人選良否，

備受正視，不言而喻。國民、民進兩黨為了不分區立委提名，由於僧多粥少，均話題不斷。與區域立委比較，不分區立委不必直接面對選舉考驗，各政黨更加小心謹慎。人選影響政黨形象、選舉，也對於未來政黨在國會運作，扮演重要角色。

　　區域立委、不分區立委，法定職權相同，問政能力均不可或缺。可是各政黨提名不分區立委，考慮因素不一，代表性、專業性、問政能力、政治利益分配等。明年立委選舉的特殊性，不分區立委的角色與功能十分重要，尤其小黨及第三勢力。

6.政治鬧劇何時休止

　　郭台銘不連署參選總統，原因何在，眾說紛紜仁智互見。但他不願參與政治鬧劇的影片，發人深省。他所謂的政治鬧劇究指何事，可能包括惡質的選舉風氣、民粹盛行，因為個人利益與派系利益、階級鬥爭撕裂台灣。郭應該有感而發，數月參與選舉的感慨。

　　政治鬧劇或許直指此次截至目前的總統大選，未來一百多天，令人引以為憂。如果深入檢視，其實台灣近年政治變化，不少人搖頭嘆息，鬧劇一場，不知何時休止。政治學沒有政治鬧劇的界定，政治逆退、政治不穩定、政治失序等，或多或少與政治鬧劇意義雷同。近年來，國際政治變遷，的確出現若干令人浩嘆的現象；民粹主義、極端政黨、狂人政治領袖崛起、政治衝突迭起、政府不穩定等。民主先進國家如此，新興民主國家亦然。

　　台灣是新興民主國家，一些新興民主國家的症候舉目可見。加上內部國家認同爭議，中國大陸文攻武嚇，特殊的國際環境，外交孤立等，許多民主國家未有的政治現象浮現。政治人物、主要政黨樂此不疲，人民也見怪不怪，令其滋長惡化。台灣人民一向以民主自由人權自豪，民主改革成果得來不易彌

足珍貴。現在完全執政的民進黨,更高舉民主自由價值理想,自忖對於台灣民主改革功不可沒。可是三年多執政,令人大失所望,除了兩岸關係惡化、外交更加孤立、經濟無法起色。

政治酬庸現象較之國民黨時代,有過之而無不及,用人失當,不尊重專業,缺乏治國人才。連任之路,不提出檢討往昔策劃來茲的國家願景、施政藍圖。卻利用國家資源大放政策利多。中國大陸一國兩制台灣方案,香港反送中運動,以撿到槍、辣台妹自居。散布反中保台,掀起統獨對峙,身為執政黨,反其道而行,故意渲染芒果乾(亡國感)。發動支持者大肆渲染似是而非的論調,例如自由保衛戰。與鼓吹國家安全修改一些可能限制人權作法,形成諷刺的對照。

以民主起家的執政黨為何如此,台灣一些人民卻默不發聲?民主政治文化有待強化之外,國家認同合理化有失常規的措施。此外,政治本是一種志業,政治研究係專業科學。台灣人民缺乏此種認知,民主社會,固然言論自由、平等參與,但是政治現象錯綜複雜,尤其涉及國際關係及兩岸變數。理性專業,客觀分析,重要性不言而喻,揆之事實,二元思維,語不驚人誓不休言論充斥。尖酸刻薄言論,不但在網路民間,高層政治人物亦然。

國會殿堂,非理性論述,而是集體對抗。行政首長不尊重專業文官,重大政策只求近利。人民為了生活汲汲營營,不可能專心關注。選票是表達集體民意的有效工具。網路社會的言論市場,大眾媒體的體質調整。全球民主國家正在質量俱變,

方興未艾前景未明。台灣勢不可免，又有自己特殊問題，政治
鬧劇何時休止，人人有責，特別政治人物責無旁貸。

7.中間選民何去何從

　　郭台銘宣布不參加總統大選連署，台北市長柯文哲也稱準備不及，無法登記連署。雖然親民黨、時代力量依法仍有總統直接提名的門票，政治是可能藝術，瞬息萬變。柯仍有機會在十一月二十二日透過上述兩黨（以親民黨機率較高）角逐總統大選。其中影響因素，以中間選民的呼聲多寡為主。

　　郭、柯聯盟所以引起正視，民進黨、國民黨及其總統提名人，未能獲得中間選民的青睞及認同。所謂中間選民，或政治學所稱獨立選民，主要與政黨認同的選民區隔。選民投票行為被區分為政黨取向、政見取向、候選人取向及其他關係動員取向等。政黨取向的選民即是政黨認同選民，其他或多或少傾向非政黨認同的獨立選民，或是中間選民。

　　各國選舉制度及政黨政治的發展有別，中間選民的狀況不一。美國採取政黨初選制度，加上民主、共和兩黨歷史悠久，因此獨立選民比例較低。但是各國政治變遷，脈絡大同小異，愈來愈多中間選民，尤其教育程度偏高、年紀較輕的選民。政黨認同的弱化、兩大政黨總獲票比例下降、小黨林立、單一認同（例如同婚、移民、環境保護、能源、氣候變遷、區域等）。歐洲主要民主國家十之八九出現類似現象，新興民主國

家亦然。

台灣民主發展與政黨政治，與多數新興民主國家雷同，加上台灣有統獨國家認同問題，選民的政黨認同及中間（獨立）選民的問題，稍加複雜。國民黨在威權統治時期，一黨獨大，但是約有三成選民，在各項公職人員選舉，不支持國民黨。主要理由包括台灣主體認同、追求民主制衡、不滿政府政策等。民進黨及其前身的黨外政團主要茁長動力在此。民進黨兩次中央政府執政，國民黨式微，台灣邁向多元社會，政黨政治及選民政黨認同，仍然質變量變。

國內民意調查，有關選民投票行為及政黨認同，因為調查機構效應及問卷設計，產生信度、效度偏差。台灣究竟多少政黨認同選民（民進黨、國民黨及其他政黨），又有多少獨立選民，人言言殊未有定論。但是可以佐證，教育程度愈高、年齡愈低，中間選民比例愈多。所謂知識選民、經濟選民，即屬此類別。柯文哲的崛起，白色力量，就是顯例。與傳統國民黨迥異的韓國瑜異軍突起，多少帶有相似意義。

民進黨完全執政，諸多缺失，去年九合一選舉挫敗。八個月之間，蔡英文的支持度起伏不小。中國因素、香港反送中、政策利多大放送等。國民黨初選風波迭起，政黨形象僵固，亦是主因。不少中間選民期待非統非獨，超越政黨對峙的候選人及聯盟。回歸專業理性的國家願景、施政藍圖、公共政策。

總統大選，極可能出現民進、國民兩黨競爭，如果再陷入綠、藍對抗，非國家人民之福。中間選民不知何去何從，除非

另有強有力候選人，或可能性不高的兩大黨改變選舉主軸，往
中間靠攏。

8.2020選舉逐漸明朗化

　　距離明年元月總統、立委選舉，剩下五十多天，包括總統、立委選舉，逐漸明朗化。宋楚瑜五度參選（包括一次副總統），提名前聯廣董事長余湘搭擋副總統。韓國瑜組成國政配，由前行政院長張善政擔任副手。主要政黨（國民黨、民進黨、時代力量）均公布不分區立委名單。民眾黨呼之欲止，親民黨也不會缺席。

　　此次總統選舉，千變萬化。蔡英文在黨內初選受到強烈挑戰，有驚無險過關。本來民調支持不高，經過數個月，卻將近加倍成長（2成擴大為4成）。韓國瑜挾其高人氣，在國民黨初選脫穎而出，可是每況愈下，目前民意支持度僅剩不及三成，落後蔡英文一成左右。郭台銘、柯文哲所醞釀的第三勢力，兩人在總統大選缺席。將近三成中間選民迄未決定支持對象，宋楚瑜五度披掛上陣，能否填補，尚待觀察。但是宋應該起碼一成以上支持度，又可帶動立委選舉投票率，影響立委選舉結果。

　　蔡英文完全主政三年多，諸多政策（例如一例一休、軍公教改革等）反彈聲浪不小。用人不當，缺乏溝通能力，財政紀律問題重重。兩岸關係緊張，外交失利。去年底選舉挫敗，今

年卻因為習近平一國兩制台灣方案，九二共識沒有一中各表，以及香港反送中運動升高對峙，演變成時代革命光復香港，愈演愈烈迄未平息。台灣人民（尤其三十五歲以下年輕族群）亡國感意識濃厚。民進黨祭出反中保台策略，含沙射影對手可能不利台灣。加上美國的支持，配合利多政策大放送。韓國瑜口不擇言，爭議不休，第三勢力未加入總統選舉，蔡英文逆轉勝，連任機率大增。

宋楚瑜參選，對於總統選舉結果影響不大，宋爭取一些尚未決定，不想支持蔡、韓的選民。這些票本來或許棄權或投廢票居多，從韓身上轉移約大於從蔡轉移。宋由於參選次數太高，年齡不低，處於半退休狀態。親民黨幾乎與宋劃等號，宋參選母雞效應不高，但是原本可能無法分配立委席次的親民黨，有機會受益。直接影響國民黨及民眾黨。可是宋參選，帶動中間選民的投票率，有助於民眾黨。宋行政能力有目共睹，對於國際、國內事務耳熟能道。宋參選能否帶動總統大選的國事討論，令人矚目。

總統選舉迄今，淪為口水戰，小英政府除了利多政策、大聲疾呼芒果乾、動用政府資源競選，甚少提出未來四年的治國理念。或對國人承諾，過去四年施政缺失，未來改進方法。韓國瑜雖然提出一些政策建議，但是若干信口開河，對方有計畫的攻擊策略，形象打了折扣。因此不支持韓的比例偏高，獨厚蔡英文。宋加入之後，對於韓未見其利，反而威脅更大。

立委選舉本來受到忽略，隨著總統選情明朗，兩個主要政

黨在立法院可能無法取得半數以上席次，第三勢力來勢洶洶。未來立法院型態必與過去四年不同，小英即使連任成功，面對新的立法院，不能如以前為所欲為，必須談判協商。理性選民對此寄望深厚，立委選舉備受正視，各主要政黨不分區立委提名人選良否，成為焦點。

2020選舉結果受到國內外矚目，攸關未來國家走向、人民福祉，經過半年的混沌未明，逐漸撥雲見日。剩下五十多天，期盼國事理性討論，公平公正競爭，真正選賢與能。

9.國會議員是種志業？職業？

　　總統、立委開始登記，三組總統候選人實力有些差距，似乎大勢底定。反而未來立法院是否任何政黨不超過半數，一些規模較小政黨是否超過門檻，取得不分區立委，受到正視。

　　國會的重要性不言而喻，代表人民行使職權，包括立法權、質詢權、重大人事同意權、預算審查權、宣戰戒嚴緊急命令等同意權、官員的彈劾權、憲法修正權等。兩院制通常代表人口數量的眾議院，代表州的參議院。或是功能代表及貴族的上議院。彼此職權分際，各國不一。現代民主政治，政黨政治勢不可免，影響國會運作，國會黨團扮演重要角色，通常國會議員遵守黨團決定問政。黨團協調甚至成文化，形成國會運作的核心。

　　內閣制（西方國家稱巴力門議會制），內閣由國會多數黨議員組成，虛位元首，內閣負責國家機器，內閣有解散國會權，國會可以提出對內閣不信任案。行政、立法合一，與總統制行政、立法分離相互制衡，大異其趣。研究國會制度，必須與政黨結構合併分析，政黨的屬性，政黨的決策模式，影響國會議員的問政模式。柔性政黨，黨紀比較鬆弛，不似剛性政黨強調貫徹黨紀，動輒黨規處分。國會議員不能完全依個人意願

為所欲為。

內在政黨，國會黨團成為該黨決策中心，外在政黨恰好相反，政黨決策中心，在國會黨團之外，一般以黨中央為主。黨中央包括中央委員會、祕書處、政策會等。內閣制國家，上述成員十之八九由國會議員兼任，行政、立法、政黨三位一體。總統制國家，有時總統兼任政黨主席，即使未兼任黨職，通常係該黨實質領袖。較少成為內在政黨，總統領導的行政部門時常左右該黨國會黨團，影響國會議員問政取向，尤其資淺議員。

除了政黨運作，國會結構成員，扣除國會各類助理（包括個人助理）通常國會議員人數不少。台灣立法院113人，美國參議院100人，或一些國家參議院亦然（通常職權不大）。因應行政部門分工，加上國會議員專業性，國會分設常設委員會，有些國家常設委員會下設小組委員會。理論上，國會運作以常設委員會為中心，院會（或全院委員會）只是形式終結表決。委員會的組成，資深制，的確有其專業及現實作為，法律案等應該在委員會實質討論、協調。台灣立法院由於未採資深制、立委連任機會受到挑戰，由黨團支配參加委員會，形成委員會專業性打了折扣。

國會議員人數不多，又是非內閣制，參考行政部門意見十分必要，政黨的運作，黨團協商不可或缺。台灣立法院的成文及不成文規範，專業委員會仍然有待強化，黨團協商喧賓奪主，成為主導角色。國會議員的素質，問政動機、能力，仍然

備受矚目，攸關國會品質。包括台灣、德國、日本等有政黨提名的全國不分區國會議員，角色與區域議員有別。通常強調專業性高於代表性，政黨性高於區域性。可是無論不分區或區域國會議員，法定職權相同，角色規範一致。

　　著名社會學家韋伯語重心長疾呼，政治是種志業，政治人物不可或忘。國會議員當然是政治人物，可是角色職權與行政部門首長迥異。重要政府行政官員當然是志業，不僅是職業。立委選舉在即，不少新人角逐，可賀可喜。不論新人、連任，國會議員以志業自許，而非朝九暮五汲汲營營的一般職業。

10.不分區提名與政黨重組

　　包括政黨不分區立委於日前截止登記。除了民進黨、國民黨之外，包括目前在立法院擁有不分區席位的親民黨、時代力量，也均提出不分區立委候選人。原已成立的基進黨、綠黨、台灣團結聯盟等親綠政黨、新黨等，也未缺席。今年剛剛成立的台灣民眾黨、喜樂島聯盟、一邊一國聯盟、台灣維新黨等，均不遑多讓，也提出不分區立委候選人。

　　不分區立委只有34位，占全部113位立委約四分之一強。不分區立委的政黨性質強烈，以黨紀是尚，被開除黨籍，即喪失立委資格。政黨提名不分區立委，及立委選舉結果，各政黨在不分區立委的得票數及分配席次，均攸關政黨重組。政黨重組包括政黨內部權力結構的重整，以及一國之內，各政黨的勢力起伏變化。由台灣近年政黨政治發展分析，偏綠政黨紛紛設立，對於完全執政的民進黨，必有些衝擊。國民黨內部矛盾，除了整體政黨力量式微，韓國瑜異軍突起，取得總統提名，也動搖國民黨既有權力結構。

　　國民黨此次不分區提名風波迄今未了，中間過程爭議不休。若干提名人選給人不當聯想，不同政黨藉機大作文章。黨主席成為眾矢之的，自己列入名單，更引起軒然大波。作為古

老又長期執政的政黨，兩次失去中央執政，尤其2016總統、立委選舉挫敗。民進黨政府祭出追討不當黨產、促進轉型正義，給予國民黨當頭棒喝。去年地方選舉，雖然在討厭民進黨的氛圍，國民黨大有斬獲。但未保握機會，內部矛盾迭起，有些人私心自用，給予韓流持續發威。

韓國瑜是非典型的國民黨人，祭出庶民口號，恰好與既存國民黨菁英，形成強烈對照。可是韓本人諸多問題，挑戰蔡英文力不從心。加上香港反送中升級，習近平一國兩制台灣方案來勢洶洶。國民黨窮於應付，被擁有龐大政府資源的民進黨一路追打。總統大選結果幾乎八九不離十。國民黨不分區立委的提名負面效果，欲在立法院超過半數，機會微乎其微。

民進黨完全執政將近四年，問題不勝枚舉，不滿意蔡英文及民進黨始終超過半數。拜反送中、亡國感，運用政府資源政策利多大放送，國民黨制衡力量有限，第三勢力各行其是，沒有完全凝聚，小英連任，似乎大局已定，可是民進黨的執政缺失，此次不分區立委提名形象不佳，給人感覺派系利益為上。加上親綠小黨林立，即使有些願意合作，仍然不少自立門戶。民進黨在立法院此屆的優勢，不可能持續。

代表第三勢力的民眾黨、親民黨、時代力量，均可能超出百分之五門檻，在立法院取得席位。民眾黨、親民黨不分區比較安全名單，均有郭台銘的影子。未來台灣政黨政治，即可能兩大、一中、兩小。蔡英文如果連任，民進黨未在立法院超過半數，如何互動，考驗民進黨及蔡的智慧。

11.台灣政治最大的悲哀

　　五度參選總統的宋楚瑜，對於韓國瑜現象，有感而發，台灣政治最大的悲哀，大家都喜歡超世紀的明星。他也意有所指：一些政治人物眼睛，只有官只有錢。宋是政壇老將，跟隨蔣經國，涉入政治將近半世紀，他的觀察入微，一語道破台灣政治的怪現象。

　　政治被視為社會價值的權威分配，擁有政府公權力，或其他型態政治權力，的確有更多機會支配社會價值的權威分配。尤其民主政治，政府的公權力具備合理性、合法性，實際支配社會價值的權威分配。當然避免權力造成腐敗，民主政治的設計，包括政府權力來自人民授予，依法行政，治權分立，行政立法司法相互制衡，基本人權保障等。可是不論民主或威權國家，真正的統治權集中於少數人（甚至一個人），唯有透過定期選舉、公平競爭、任期限制等，避免強人政治的產生。

　　台灣從威權轉型民主的時間不長，昔日國民黨獨大，即使經過數十年調整，兩度成為在野黨，國民黨一些政治文化依在。韓風捲起，打亂國民黨的菁英選拔，李登輝的本土化，宋楚瑜脫黨自立門戶，均震撼國民黨。兩度在野，民進黨政府不當黨產追討，轉型正義追究責任，國民黨已經不如往昔。此次

不分區立委提名，問題重重，近年扮演主要在野黨，完全不稱職。去年底全民討厭民進黨的風潮，獲得不少地方政府主導權，不到一年卻窘態畢露。曾經擔任國民黨祕書長的宋楚瑜，表示不少國民黨人眼睛裡只有官只有錢，也許年輕世代的國民黨員不以為然，卻是值得深思檢討。

同樣地，在國民黨威權體制逐漸成型的民進黨，歷經兩次中央執政，尤其近四年完全執政。治理人才匱乏，治理能力不足，派系充斥利益取向，缺乏理想沒有願景。有時候忘記自己已經完全執政，充斥酸言酸語，心胸狹窄封閉心理，無法開誠布公集思廣益。打著愛台灣守護主權，不顧財政紀律，短視近利，利多政策大放送。不少黨人精於選舉，卻沒有專業理念價值，決策模式扭曲，不信任專業文官，甚至與學者專家公開叫陣。

缺乏強有力在野黨，第三勢力的凝聚茁壯，非一朝一夕。台灣所處特殊國際環境，美國因素不可忽略，中國大陸的文攻武嚇。缺乏高瞻遠矚的政治領袖，以及具備治理能力的優秀團隊。人民對於政治不信任，包括政府官員、政黨等政治人物、公共政策品質等。自求多福或政治冷漠，也營造崇拜、期待超世紀政治明星的環境。中外古今不勝枚舉，台灣特別的政治文化，更可能如此。

政治人物掌握公權力，已經超出常人，唯有透過制衡，以及基本自律，有所為有所不為。完全無欲則剛，也許過度苛求，但是知所掌握，自我期許，政治是種志業，不忘初衷，才能使台灣政治避免陷入悲哀。

12.扭曲的公共政策決定模式

　　民進黨立法院黨團欲以逕行二讀方式強行通過反滲透法。交通部長林佳龍與學者專家公開對峙，超過千位專家學者連署抨擊交通政策制定不尊重專業。民進黨政府選舉前，利多政策大放送，罔顧財政紀律及相關法律規定。

　　民進黨自2016首次完全執政，諸多政策遭人民詬病，扭曲的公共政策決定模式，及其背後的心態，乃是主因。一般而言，常態的公共政策制定，從問題認定、政策規劃、政策合法化、政策執行及政策評估。外部環境、內部資源，綜合形成政府部門的願景、目標、策略，施政藍圖、中長期施政計畫，各部門預算、人力、每年施政方案。客觀的績效評估，政策執行成果、民意反映、預算執行率等。民主國家依法行政，公共政策兼具專業、民意、價值，決策者考慮政治可行性、技術可行性。

　　國安五法通過，民進黨政府本來欲制定中共代理人法，踟躕不前，在總統大選前夕，間諜事件撲朔迷離，突然欲以反滲透法取代，而且直接由立法院黨團以逕付二讀通過。完全悖離政策制定的基本原則，如此重要法律案，應該開誠布公集思廣益，傾聽各界意見。未來負責執行的行政部門意見，也宜尊

重。除了法案內容問題不少（例如名稱即不易界定、容易引人入罪等）連根本的政策制定，均令人不以為然。行政部門保持沈默，立法院未經過委員會審查等。

配合選舉，交通一連串重要方案，例如高鐵南延、蘇花快速道路、北宜鐵路等。雖然這些討論存在已久，但是欲形成具體政策的程序，包括可行性評估、預算編列、環境評估、預期效益等，不少尚未完成，或專業性爭議不休。行政程序法、環境評估、財政紀律等法律，均有明文規定。亦即政策規劃及政策制定，均有明確依據，除非修改法律，否則依法行政。誠然，繁冗程序，有時候與效率相悖，但是明顯觸法或草率行事，後果更加不堪設想。

短視近利，缺乏遠見理想，為了選舉不擇手段，應是主因。公共政策十之八九相當專業，常任文官、專家學者具備專業，而且比較超出黨派考慮。政務官負責最後裁定，立法院職司政策合法化角色。必然納入民意、價值觀等。能源、交通建設、科技、產業，甚至外交、大陸等政策，均有高度專業性，問題認定、政策規劃階段，理性務實，由常任文官、兼顧專家學者（例如委託研究、各種委員會）等意見，提出數種可行方案。比較各種方案的利弊得失，再由政務官綜合裁定，必要時，送請立法院審議。

民進黨政府扭曲的公共政策決定模式，恰好相反。不少由政務官已有既定目標、方案，再要求常任文官、學者專家收拾殘局，給予合理化。不尊重專業，自以為是，僅考慮選舉，諸

多政策不言而喻。公共政策攸關國家發展、全民福祉，扭曲的決策模式，禍害無窮。民智漸開的台灣人民，應該共同正視，常任文官的無奈，情有可諒，但仍宜謹守文官倫理。學者專家的怒吼，可喜現象，改革契機。

附錄
香港情勢劇變　牽動台灣總統大選

　　針對此次總統大選，曾在國內政界長期服務的林嘉誠教授在《民報》舉辦的座談會中指出：2020年1月11日的台灣總統與立委選舉，外部的美國、中國、甚至香港等國際因素，對選情發展有關鍵性的影響。林嘉誠從政治經濟學的角度來觀察，發現在台灣所處的區域政治環境之下，香港的抗爭局勢變化給國內選情帶來了高連動性的重大影響。

　　事實上，林嘉誠坦承從六月分的百萬港民大遊行開始，甚至後來的兩百萬人上街頭，警民雙方對峙的局面演變至今，遠遠超乎外界預期，連他自己也沒想到。香港作為國際三大金融中心，自從1997移交中國後，更成為中國對海外貿易、金流最重要的門戶；此刻卻變相成了街頭戰場，從和理非遊行到黑警疑雲到投擲汽油彈，從反送中到五大訴求，香港抗爭局勢短時間內還看不到結束的一天。

反送中升溫大出各界意料

　　林嘉誠觀察，目前香港市民上街頭抗爭的主力多半在卅歲

以下，甚至很多都是十幾歲的學生，為什麼這些年輕人會上街發出這些絕望的怒吼？林嘉誠呼籲港府應該深入地思考反送中問題的本質。林嘉誠研究這段時間的示威活動發展歷程，從最初《送中條例》引發廣大民怨，到特首堅不退讓下港民再提出「五大訴求」；接著在抗爭壓力下林鄭先擱置條例，最終還答應撤回條例，然而隨著「黑警事件」一再發生，市民傷亡持續增加，港民的怒火已經點燃，特區政府與北京的信用度早已盪到谷底。林嘉誠說他從前所認知的香港警察，在港英時代是一支非常有紀律的部隊，從早年港片中大量出現警察故事可得窺一二，港警在香港早年的社會文化中是非常重要的一環。他認為「黑警事件」是港府未來必須去嚴肅面對、徹底解決的課題之一。

　　林嘉誠觀察到另一件在抗爭中出現的特殊社會現象：群龍無首。其實也就是港民在號召群眾時所講的「be water」、「無大台」，他認為這點也是目前示威活動無法停止的主因之一。林嘉誠解釋，從阿拉伯之春到台灣的太陽花事件，加上香港五年前發生的雨傘運動，這些經驗──善用社群網絡與通訊科技，無遠弗屆地讓行動訊息與外界流通無阻，在今日網路發達的年代下，充分成為香港年輕人投入抗議活動的養分。相反地，也造成港警難以有效地靠傳統單點擊破的打擊方式壓制示威群眾，撇開「黑警勾結」與「臥底」等手法不談，港警過度擴張的鎮暴網絡和武器濫用，反而傷及不少無辜市民。

　　港民的口號也是林嘉誠觀察的另一重點，在與香港高教友

人交流的過程中，林嘉誠也發現最初的「反送中逃犯條例」到「五大訴求，缺一不可」，慢慢轉向成為「時代革命，光復香港」等這類口號，現在還有才完成一個多月的「願榮光歸香港」歌曲受到港民廣為傳唱，某種程度已形同示威群眾的「香港國歌」。伴隨著污損、燒毀中共五星旗等偶發事件，原本的反送中事件已在中國網路長城內被渲染為港獨與愛（中）國問題，並且引發中港輿論大戰。這把火也燒到台灣校園內，港生的連儂牆活動陸續引發與陸生間的衝突。林嘉誠說，目前還看不到盡頭，這幾天利用《緊急法》所生的《禁蒙面法》頒布，香港衝突局面只有不斷升高。

應尋求香港事件和平落幕

還有另一個悲觀的角度，林嘉誠解釋：畢竟香港現在不再是英國殖民地，中央政府就是北京，中國共產黨絕對不可能拱手將治理權放給香港市民，無論區議會或者特首選舉，中南海方面想永久地以類似目前圈票的方式來鞏固香港治權。本質上，這種作法和港民的認知之間產生了非常大的歧異。香港當前的政局，令林嘉誠不禁想起卅年前的台灣。

不同的是，國際各界密切關注香港人爭取民主、自由的發展。這當中有個重要背景：中國崛起，中方利用投資與發展之名，把手伸進南亞、非洲等第三世界國家的重大公共與能源建設，加上這幾年習近平的「一帶一路」議題；川普當選總統

後，發生了美中貿易戰，並逐漸在西方國家中塑造出一種「圍堵中國」的氛圍。

正因如此，習近平面對國際壓力，處理香港問題時難免投鼠忌器、力有未逮。近期除利用特首與港警從法理面擴大鎮壓，北京方面還傳出拿香港大地主、企業鉅子「祭旗」，象徵中國表面上有心解決社會貧富差距，檯面下，則傳出習近平遂行派系鬥爭之實，掐住各方金流。

總結來說，林嘉誠認為香港局勢演變至今，一方面坐實了「一國兩制」不但對台灣行不通，連在香港也沒辦法繼續。其次，香港的示威活動連帶助長了蔡陣營選情，林嘉誠笑著說他也沒料到小英民調可以竄到這麼高，從去年底跌至谷底，到此刻大勝對手韓國瑜十多個百分點；扣除韓國瑜在個人品格與能力表現上頻頻自爆的這一點，林嘉誠直言，國際抗中局勢與香港的抗爭升高才是蔡英文民調往上攀升的真正原因。不過他也提出呼籲，他說他也有很多香港朋友，相信國內沒人樂見香港民眾不斷發生流血、傷亡事件，甚至未來還有解放軍進港鎮壓的疑慮。他希望執政黨陣營別把反送中事件當成助選利器，應從人道關懷角度正視、積極協助港民，並祈求事件能夠在北京理性面對下和平落幕。

國家圖書館出版品預行編目

順天應人天道酬勤：林嘉誠見思錄 / 林嘉誠著.
-- 臺北市：獵海人, 2020.02
　　面；　公分
　　ISBN 978-986-97963-8-5(平裝)

1.言論集

078　　　　　　　　　　　　108022100

順天應人天道酬勤
——林嘉誠見思錄

作　　者／林嘉誠
出版策劃／獵海人
製作銷售／秀威資訊科技股份有限公司
　　　　　114 台北市內湖區瑞光路76巷69號2樓
　　　　　電話：+886-2-2796-3638
　　　　　傳真：+886-2-2796-1377
網路訂購／秀威書店：https://store.showwe.tw
　　　　　博客來網路書店：http://www.books.com.tw
　　　　　三民網路書店：http://www.m.sanmin.com.tw
　　　　　金石堂網路書店：http://www.kingstone.com.tw
　　　　　讀冊生活：http://www.taaze.tw

出版日期／2020年2月
定　　價／250元